思想的・睿智的・獨見的

經典名著文庫

學術評議

丘為君　吳惠林　宋鎮照　林玉体　邱燮友
洪漢鼎　孫效智　秦夢群　高明士　高宣揚
張光宇　張炳陽　陳秀蓉　陳思賢　陳清秀
陳鼓應　曾永義　黃光國　黃光雄　黃昆輝
黃政傑　楊維哲　葉海煙　葉國良　廖達琪
劉滄龍　黎建球　盧美貴　薛化元　謝宗林
簡成熙　顏厥安（以姓氏筆畫排序）

策劃　楊榮川

五南圖書出版公司 印行

經典名著文庫

學術評議者簡介（依姓氏筆畫排序）

- 丘為君　美國俄亥俄州立大學歷史研究所博士
- 吳惠林　美國芝加哥大學經濟系訪問研究、臺灣大學經濟系博士
- 宋鎮照　美國佛羅里達大學社會學博士
- 林玉体　美國愛荷華大學哲學博士
- 邱燮友　國立臺灣師範大學國文研究所文學碩士
- 洪漢鼎　德國杜塞爾多夫大學榮譽博士
- 孫效智　德國慕尼黑哲學院哲學博士
- 秦夢群　美國麥迪遜威斯康辛大學博士
- 高明士　日本東京大學歷史學博士
- 高宣揚　巴黎第一大學哲學系博士
- 張光宇　美國加州大學柏克萊校區語言學博士
- 張炳陽　國立臺灣大學哲學研究所博士
- 陳秀蓉　國立臺灣大學理學院心理學研究所臨床心理學組博士
- 陳思賢　美國約翰霍普金斯大學政治學博士
- 陳清秀　美國喬治城大學訪問研究、臺灣大學法學博士
- 陳鼓應　國立臺灣大學哲學研究所
- 曾永義　國家文學博士、中央研究院院士
- 黃光國　美國夏威夷大學社會心理學博士
- 黃光雄　國家教育學博士
- 黃昆輝　美國北科羅拉多州立大學博士
- 黃政傑　美國麥迪遜威斯康辛大學博士
- 楊維哲　美國普林斯頓大學數學博士
- 葉海煙　私立輔仁大學哲學研究所博士
- 葉國良　國立臺灣大學中文所博士
- 廖達琪　美國密西根大學政治學博士
- 劉滄龍　德國柏林洪堡大學哲學博士
- 黎建球　私立輔仁大學哲學研究所博士
- 盧美貴　國立臺灣師範大學教育學博士
- 薛化元　國立臺灣大學歷史學系博士
- 謝宗林　美國聖路易華盛頓大學經濟研究所博士候選人
- 簡成熙　國立高雄師範大學教育研究所博士
- 顏厥安　德國慕尼黑大學法學博士

經典名著文庫170

存在主義即人文主義

L'existentialisme est un humanisme

〔法〕尚－保羅・沙特 著
(Jean-Paul Sartre)
周煦良、湯永寬 譯

經典永恆・名著常在

五十週年的獻禮・「經典名著文庫」出版緣起

總策劃 楊榮川

閱讀好書就像與過去幾世紀的諸多傑出人物交談一樣——笛卡兒

五南，五十年了。半個世紀，人生旅程的一大半，我們走過來了。不敢說有多大成就，至少沒有凋零。

五南忝爲學術出版的一員，在大專教材、學術專著、知識讀本出版已逾壹萬參仟種之後，面對著當今圖書界媚俗的追逐、淺碟化的內容以及碎片化的資訊圖景當中，我們思索著：邁向百年的未來歷程裡，我們能爲知識界、文化學術界做些什麼？在速食文化的生態下，有什麼值得讓人雋永品味的？

歷代經典・當今名著，經過時間的洗禮，千錘百鍊，流傳至今，光芒耀人；不僅使我們能領悟前人的智慧，同時也增深加廣我們思考的深度與視野。十九世紀唯意志論開創者叔本華，在其〈論閱讀和書籍〉文中指出：「對任何時代所謂的暢銷書要持謹慎的態度。」他覺得讀書應該精挑細選，把時間用來閱讀那些「古今中外的偉大人物的著作」，閱讀那些「站在人類之巔的著作及享受不朽聲譽的人們的作品」。閱讀就要「讀原著」，是他的體悟。他甚至認為，閱讀經典原著，勝過於親炙教誨。他說：

「一個人的著作是這個人的思想菁華。所以，儘管一個人具有偉大的思想能力，但閱讀這個人的著作總會比與這個人的交往獲得更多的內容。就最重要的方面而言，閱讀這些著作的確可以取代，甚至遠遠超過與這個人的近身交往。」

為什麼？原因正在於這些著作正是他思想的完整呈現，是他所有的思考、研究和學習的結果；而與這個人的交往卻是片斷的、支離的、隨機的。何況，想與之交談，如今時空，只能徒呼負負，空留神往而已。

三十歲就當芝加哥大學校長、四十六歲榮任名譽校長的赫欽斯（Robert M. Hutchins, 1899-1977），是力倡人文教育的大師。「教育要教真理」，是其名言，強調「經典就是人文教育最佳的方式」。他認為：

「西方學術思想傳遞下來的永恆學識，即那些不因時代變遷而有所減損其價值的古代經典及現代名著，乃是眞正的文化菁華所在。」

這些經典在一定程度上代表西方文明發展的軌跡，故而他爲大學擬訂了從柏拉圖的《理想國》，以至愛因斯坦的《相對論》，構成著名的「大學百本經典名著課程」。成爲大學通識教育課程的典範。

歷代經典．當今名著，超越了時空，價值永恆。五南跟業界一樣，過去已偶有引進，但都未系統化的完整舖陳。我們決心投入巨資，有計劃的系統梳選，成立「經典名著文庫」，希望收入古今中外思想性的、充滿睿智與獨見的經典、名著，包括：

- 歷經千百年的時間洗禮，依然耀明的著作。遠溯二千三百年前，亞里斯多德的《尼各馬科倫理學》、柏拉圖的《理想國》，還有奧古斯丁的《懺悔錄》。
- 聲震寰宇、澤流遐裔的著作。西方哲學不用說，東方哲學中，我國的孔孟、老莊哲學，古印度毗耶娑（Vyāsa）的《薄伽梵歌》、日本鈴木大拙的《禪與心理分析》，都不缺漏。
- 成就一家之言，獨領風騷之名著。諸如伽森狄（Pierre Gassendi）與笛卡兒論戰的《對笛卡兒沉思錄的詰難》、達爾文（Darwin）的《物種起源》、米塞斯（Mises）的《人的行爲》，以至當今印度獲得諾貝爾經濟學獎阿馬蒂亞．森（Amartya Sen）的《貧困與饑荒》，及法國當代的哲學家及漢學家朱利安（François Jullien）的《功效論》。

梳選的書目已超過七百種，初期計劃首爲三百種。先從思想性的經典開始，漸次及於專業性的論著。「江山代有才人出，各領風騷數百年」，這是一項理想性的、永續性的巨大出版工程。不在意讀者的眾寡，只考慮它的學術價值，力求完整展現先哲思想的軌跡。雖然不符合商業經營模式的考量，但只要能爲知識界開啓一片智慧之窗，營造一座百花綻放的世界文明公園，任君遨遊、取菁吸蜜、嘉惠學子，於願足矣！

最後，要感謝學界的支持與熱心參與。擔任「學術評議」的專家，義務的提供建言；各書「導讀」的撰寫者，不計代價地導引讀者進入堂奧；而著譯者日以繼夜，伏案疾書，更是辛苦，感謝你們。也期待熱心文化傳承的智者參與耕耘，共同經營這座「世界文明公園」。如能得到廣大讀者的共鳴與滋潤，那麼經典永恆，名著常在。就不是夢想了！

二〇一七年八月一日　於

五南圖書出版公司

目錄

譯者序一

沙特，一位「處於左派與右派的交叉火力之下」的哲學家

尚—保羅．沙特（Jean-Paul Sartre, 1905-1980）作爲法國當代存在主義哲學家、思想家、文學家、戲劇家和社會活動家，他的思想、學說、著述以至他的社會活動，對法國甚至對整個西方戰後一代曾發生過廣泛而深刻的影響。

沙特一生著作豐贍，作爲存在主義哲學家，著有《想像力》、《自我的超越》（一九三六年）、《想像的現象心理學》、《存在與虛無》（一九四三年）、《唯物論與革命》、〈存在主義即人文主義〉（一九四六年）以及《辯證理性批判》（第一卷，一九六〇年）等專著。作爲一位作家則發表了大量作品，如著名的中篇小說《嘔吐》（亦譯《噁心》，一九三八年）、短篇集《牆》、長篇小說《自由之路》（三卷）、自傳《文字》以及劇本《蒼蠅》、《禁閉》、《死無葬身之地》、《可尊敬的妓女》、《骯髒的手》、《魔鬼與上帝》、《涅

克拉索夫》等。此外還有不少政論及文藝論文、傳記，如《反猶太主義者和猶太人》、《什麼是文學》和《福樓拜》等。

沙特不是書齋裡的哲學家，他提倡「介入」現實，經常對重大事件作出表態，並將他的文學創作稱爲「介入文學」。第二次世界大戰期間，他因抗擊德國法西斯而被俘，獲釋後，即投身於「把德國人趕出法國」的運動。從此他更以自己的行動介入社會的、政治的鬥爭，創辦了《現代時刻》、《人民事業》雜誌並參加左翼革命運動。五〇年代他反對美國的侵朝戰爭，先後訪問蘇聯和中國，發表了熱情讚美的觀點，而由於蘇軍干涉匈牙利事件，他又反對史達林。六〇年代，他反對法國對阿爾及利亞的殖民戰爭，抨擊美國的侵越戰爭，同樣也譴責蘇軍入侵捷克斯洛伐克，並且支持法國工人罷工和學生運動。七〇年代他又爲蘇軍侵入阿富汗而公開表示深深的失望。他自稱是馬克思主義者，是共產黨的同路人，但又經常與共產黨人爭論。他抨擊右派，但同時也激烈地批評左派。他名正言順地被稱爲「處於左派與右派的交叉火力之下」的人物。

沙特透過他的哲學論著和文學作品宣揚他的存在主義思想。他不同於雅斯培和加布里耶·馬塞爾，是無神論存在主義者。他提出「存在先於本質」，或者按照海德格的提法，「人的實在」（human reality）先於本質。人，「在把自己投向未來之前，什麼都不存在」。他在〈存在主義即人文主義〉中扼要地闡述說，人必須爲自己的存在和自己的一切行爲「承擔責任」。懦夫與英雄並非天生：在於「自我選擇」。「人是自由的」，因爲沒有上帝，只是孤零零一個人，別無依恃，但他的自由選擇擺脫不掉他處在「一個有組織的處境之中」的限制，因此一旦作出抉擇，他必須爲此承擔責任，也使他人承擔責任。人，「必須始終在自身之外尋求一個解放自己的或者體現特殊理想的目標，才能體現自己眞正是人。」「人類需要的是重新找到自己。」沙特的這種他自稱是「人文主義」的存在主義思想，在法國以至歐洲，對於經歷了空前酷烈的第二次世界大戰的人們，特別是那些在這次大浩劫、大動亂中心靈和肉體都受到巨大震撼和傷痛，正陷於迷惘彷徨，企圖尋找解脫和出路的知識分子中間，具有強烈的吸引力。

一九八〇年四月十五日，沙特在巴黎逝世。四月十九日，根據死者生前的意願，遺體火化後送往蒙帕納斯公墓安葬時，一支「由知識分子、青年、政界知名人士、演員和普通平民組成的五萬名未經組織的群眾隊伍」自發地護送骨灰直至公墓，這生動地表現了人們對這位傑出的哲學家、文學家和社會活動家的尊敬和哀悼[1]。

這裡收入的兩篇沙特闡述他的哲學思想的文章：〈存在主義即人文主義〉和〈今天的希望〉，前一篇曾於一九八〇年爲了紀念這位哲學家的逝世，由周煦良教授譯出，發表在上海《外國文藝》同年第五期上；後一篇是沙特生前最後一次闡述他的哲學思想的談話錄。

1 一九八六年四月十四日，法國另一位著名存在主義作家、社會活動家、沙特（又譯：薩特）的終身伴侶西蒙・德・波娃（又譯：西蒙娜・德・波伏瓦，Simone de Beauvoir, 1908-1986）去世，法國共產黨總書記喬治・馬歇在悼詞中說：「作爲小說家、哲學家、散文家，西蒙娜・德・波伏瓦和讓—保羅・薩特一起在解放前後幾年的文化動盪中起到了重要作用。以後，她繼續在知識界留下了自己的印跡。波伏瓦並沒有分享共產黨人的觀點，她與我們的爭論，如同她與別人的一切爭論一樣，都是寸步不讓的。但我們忘不了，在許多場合，她善於使人們理解她，並站在我們一邊行動。我謹以我個人的名義，並以全體共產黨人的名義，對這位長期來體現了進步思想的女性表示敬意。」（引自《外國文學動態》一九八七年第一期，中國社會科學院外文所編）——譯者

〈存在主義即人文主義〉發表於一九四六年。正如作者開宗明義指出的，這篇論文的目的，「是針對幾種對存在主義的責難爲它進行辯護」，因而是簡扼地進一步闡明他的存在主義學說的一篇重要文章，無疑也是研究沙特的哲學思想的重要材料。譯者周煦良教授是詩人、文學翻譯家，不幸已於一九八五年去世。他早年在英國愛丁堡大學專攻哲學並獲碩士學位，對現代西方哲學原是裡手，因此譯文收入本書時，保留了他對原作大意所作的綜述和評論的譯者前記以作紀念，並供讀者研究參考。

〈今天的希望〉是沙特與本尼·萊維（Benny Lévy）的對話錄，曾分爲三個部分發表在法國《新觀察家》（*Le Nouveau Observateur*）一九八〇年三月號上。現據美國「激進思想季刊」《特洛斯》（*Telos*）一九八〇年夏季號的英文本譯出。對話錄中的發問者本尼·萊維長年化名皮埃爾·維克多（Pierre Victor），是法國無產階級左派和青年馬克思主義者的一位領導人，也是沙特晚年的堅定夥伴。在〈今天的希望〉的開端，沙特認爲，與一般人所了解的相反，他並不意識到自己是悲觀、絕望的哲學家，他認爲「希望是人的一部分」，在人類的「行動方式中始終有希望在」，說在他的《存在與虛無》以後的著作中

「再也找不到這種絕望了」，「我從未認眞考慮過絕望可能作爲一種屬於我的品質」。但他在這次對話的結尾也承認，他一生中確有兩次受到「絕望的誘惑」：一次是在法國戰敗後被德國占領期間，另一次是一九七五年蘇軍入侵阿富汗的時候。然而他說終將「在希望之中死去」，深信當今「可怕的世界」在「漫長的歷史演變中只是短暫的一瞬」，而希望始終是鼓舞「革命和起義的支配力量之一」，也是他「對未來的概念」，因爲「人們必須相信進步」。沙特對當前的左派、激進主義及其政黨的評價，幾乎一概持批判甚至否定的態度，顯得偏激而專斷，儘管他指的是歐洲的，特別是法國的左派及其政黨。他闡述革命暴力的意義並明確表白他作爲一個法國人而堅決支持阿爾及利亞人民對法國殖民主義者採取的武裝鬥爭的立場（他因此與另一位法國存在主義作家卡繆決裂）。沙特在對話中也闡述了他對革命、民主、選舉等社會政治問題的觀點。在對話的其餘部分中可以看出，在他垂暮之年自知不久人世之際，他關注的仍舊是人、道德、人文主義以及對人的遙遠未來的期望。其中有對他過去所持觀點的改變或修正，也有進一步的闡發。如他對早年關於意識是道德的，自由是它所具有的價值的唯一源泉這類提法的揚棄，而認爲意識都有一個「義務的向度」，而且總有一種企圖「超越實在」的要求把人的行動變成一種「內在的強制力」，而這就是道德的開始。道德，應該基於「禁止人們利用人作爲達到一個目的的東西或者工具的原則之上」。如他對人文主義，從三〇年代稱人文主義爲「胡說」，到四〇年代闡述存在主義即是一種人文主義，到這次談話時則反覆申述：當「人是什麼還沒有得到確定」，我們都不是「完整的人」；而當「在努力鬥爭以期達到人的關係和人的定義的存在（being）」的時候，人文主義是沒有意義的；此時此刻我們只是「把人文主義視作我們身上優秀品質的經驗，視作跳出我們自身而進入人——從我們的善良行動可以想見的人——的圈子的一種努力來實現」，只有等到人恢復人與人之間的「原始關係」即「兄弟關係」，等到「人眞實地、完全地存在」的時候，「他和同時代人的關係以及他獨自存在的方式」才可以稱作「人文主義的目的」。沙特在這裡提出的「使每個人（person）成爲人（man）」、成爲「完整的人」等等，在遙矚人類的未來這個問題上，他似乎試圖與馬克思所預計的「人最終將成爲眞正全面的人」殊途同歸。

幾乎同很多卓越的思想家、作家一樣，沙特的思想體系頗爲複雜而且充滿了矛盾。他提出的「存在先於本質」的命題，他孜孜於探究人的存在與行動的方式及其意義，他關注人在現實社會中的處境以及人最終如何臻於完善的未來前景等等，這些涉及物質世界和人的意識的學說，毫無疑問，是屬於唯心主義的、主觀主義的性質的，儘管他針對這種「責難」專門撰寫了論文企圖爲之辯護。但是另一方面，無疑也應該看到，沙特的存在主義學說絕非「醜惡」或邪惡的代名詞，像本書第一篇文章中作者引述的那位「容易神經緊張」的資產階級太太那樣，用來掩飾她的粗魯失態的一個遁辭。存在主義哲學思想在戰後法國甚至西方那些精神陷於「瓦解狀態」的知識分子中間，不僅一度是具有相當深刻而廣泛影響的思潮，而且隨之出現一批著力描繪或揭示人在陰暗、荒誕的周圍世界中無以自拔、無能爲力的處境、意在使人震醒的存在主義文學。存在主義哲學，特別是一些西方有存在主義傾向的文學作品，七〇年代末在我國開始有所介紹。但由於沙特的主要哲學著作如《存在與虛無》、《辯證理性批判》，以及大量闡述其思想發展演變的政論、文論等尚未系統翻譯介紹，有讀者爲了解沙特的存在主義思想體系，不得不求助於第二手資料，甚至從存在主義文學所描繪的人物、情節中懸想臆測，「想當然耳」，以爲存在主義即宣揚悲觀失望、自我中心、強調個人的自由選擇等等。總之，說明人們對沙特的存在主義哲學表示關注，而由於未能窺見全豹對其思想體系則不甚了了。

沙特的哲學不是「悲觀」的哲學。他認爲他的學說是「樂觀」的、「行動」的學說。他曾公然聲稱要「超越馬克思主義」，而且對馬克思主義的某些命題進行錯誤的非議或指責，但他最後又明確宣告「未來屬於馬克思主義」，直至臨終仍稱自己是「馬克思主義者」。他也稱自己是無政府主義者。在最後的對話錄中，他談到：「我們的目的是要達到一個眞正的選定的機構，在那裡每個人（person）都將成爲人（man），其中所有的集合體（collectivities）都同樣富於人性。」但是他沒有進一步闡述那是一個什麼樣子的「眞正選定的機構」。但從沙特數十年的理論與實踐看，在西方文化思想界中他是一個富於正義感而且熱情洋溢的進步的思想家、文學家和社會活動家，這點則是無容置疑的。他一生探索的關於人的哲學，具有濃厚的唯心主義的性質，即使在法國也曾引起過激烈的論爭，但是沙特的哲學和他的名字已經載入二十世紀西方哲學的史冊，這也是無疑的。

湯永寬

譯者序二

一九八〇年四月十五日，法國當代傑出的文學家、思想家和政治活動家尚—保羅．沙特逝世了。他是繼羅曼．羅蘭和法朗士之後二十世紀法蘭西文壇的巨星；他的名字將永遠載入法國文學的史冊，這是沒有疑義的。我們在電視裡看見巴黎千千萬萬群眾給他送葬的鏡頭，不禁感到心潮澎湃：是什麼使他這樣深深受到法國廣大群眾的愛戴？他的文學？他的哲學？還是他的一系列正義的言論和行動？回答是這一切都包括在內。但是就沙特來說，理解他的哲學思想恐怕要比了解別的文學家時更爲重要。我們在這裡選譯了他的〈存在主義即人文主義〉（一九四六年）一文，就是爲了這個目的。他早年本來是研究哲學的，後來以官費留學德國，受到德國哲學家海德格和胡塞爾學說的影響，所以形成一種存在主義哲學思想體系；其影響所及，比他的先行者還要大。

沙特自稱他的存在主義是一種無神論的存在主義，這就是說，他既否定了上帝造人的神話，又否定了先天的性善論和性惡論。在他說來，先是有人，然後透過人的自由選擇的行動，人才成爲他那樣的好人或者惡人。英雄或者儒夫都不是天生的，而是透過人的主動選擇使他成爲英雄或者儒夫。這就是存在先於本質的基本論點。由於人的行爲出於自由選擇，所以要承擔責任，不但對行爲的後果負責，而且對自己成爲怎樣的人也要承擔責任。正因爲如此，所以它是一種人文主義，即把人當作人，不當作物，是恢復人的尊嚴。這些道理在西方道德哲學關於自由意志的論爭中，本來是常見的，因爲除非我們承認人有選擇自由，並對其行爲負責，我們就無法對作惡者進行報復性懲罰，而只能像功利主義者（和一切機械唯物論者）那樣，說懲罰只是防止別人效尤。但是受懲者可以回答功利主義者說，既然我本身不應受到懲罰，懲罰我又爲著何來？若你爲防止別人效尤而懲罰我，則你豈不是把我當作手段、當作東西、當作物看待，我何罪之有，而應得到如此懲罰？這些反問是功利主義者無法回答的。

但是存在主義者並不到此爲止，他們還進一步說，人在爲自己作出選擇時，也爲所有的人作出選擇。換言之，人在自由行動時，他就是爲所有的人作出示範；人在模鑄自己的形象時，這就意味著這個形象對所有的人，以及我們所處的時代，都是適用的。「我們的責任要比先前設想的大得多，因爲它牽涉到整個人類。」這樣無限度地擴大行爲的後果，也就無限度地加重了行動者的責任；所以沙特說，行動者只能依靠和他的行動有密切關係的可能性作出決定。但是他只能盡力而爲，因爲對現實太沒有把握了。現實不僅包括物，更包括人；每一個人代表一個「主觀性」，人就是處在一個「主觀性林立」的世界裡，然而要決定自己是什麼，和別人是什麼。可是沙特又說：「存在主義者從不把人當作目的，因爲人仍舊在形成中。」所以他反對孔德的那種以人類爲崇拜對象的人文主義，認爲最後會導致法西斯主義。

沙特把人的主觀能動性強調到這種地步，是不是完全無視有所謂客觀規律呢？也不。但是他在本文中只是輕輕帶過。他承認有「生存在世界上所少不了的限制」，如勞動，而人的意圖就是超過或擴大這些限制，不然就是否定或適應這些限制。所謂限制，就包含有客觀規律在內。但是存在主義的核心思想則是自由承擔責任的絕對性；人發現自己處在一個有組織的處境中，他沒法避免選擇，他不選擇也等於作出選擇。所以它是一種行動的哲學，是入世哲學，而不是出世哲學；即使不能有力地樹立一種「天下興亡，匹夫有責」的人生觀，至少可以使

「頑夫廉，懦夫有立志」，而這種哲學在經受過法西斯鐵蹄蹂躪、精神狀態處於瓦解狀態的歐洲，是有其一定的吸引力的。

以上是綜述本文的大意，並就其本身略作評述，以供讀者研究沙特全部存在主義哲學的內容及其在文學上的表現作參考。

周煦良

演講的背景

／國立臺灣大學哲學系教授 苑舉正 譯

〈存在主義即人文主義〉之文本，來自一場在「現在俱樂部」的邀請下，沙特於一九四五年十月二十九日所做的演講。演講速記的講稿，幾乎沒有做什麼修改，就出版了。「現在俱樂部」是透過雅各・卡密與馬克・貝格伯德，在法國解放時所創辦的，目的在於促進文學與知識的討論；本講稿於次年由納戈爾出版社發行。《存在與虛無》（一九四三出版）的作者，爲什麼會執意以他堅持的人文主義，說服眾人呢？

我們應該回想起作者在同一年中剛出版的小說《自由之路》的前兩卷，《理性時代》與《緩刑》。這兩卷初版，立即因爲爭議而聲名大噪。我們不糾結於在閱讀這兩卷後，那些自以爲是的人的驚訝。小說中的主角被認爲是，沒有骨氣的或者是「犬儒」，但沙特寫道：「我認爲讓小說中的主角們特別厲害的地方，就是他們的清晰。無論他們是誰，他們知道什麼，他們選擇如何存在。」人生不受拘束，沒有確定性，小說主角馬修絕對不是史詩中的人物或英雄，但他唯一的王牌就是，用生命找尋眞實自由的執著——在這裡，我們聽到《存在與虛無》哲學研究之回音——這份純淨的清晰，卻也是憂傷的。他經歷過的事，或他做過的事，都無所謂了，因爲他甚至還沒有開始眞正活著。讀者掌握的重點是，本書透過前兩卷，作者提供的平台，讓知識與道德戲劇的演化與轉換逐漸浮現在意識中，但讀完第二卷，這部分尚未完全成熟。毫無疑問地，這兩卷小說的立場包含有力的捍衛，所以它們比哲學著作容易接近，好理解，因此它們的出版大幅度地增加沙特存在主義的迴響與爭議。

由於知名度不斷加重，導致複雜性提升，就像我們今天所談的媒體現象——過度報導以及意見分歧——充滿公開的、潛在的，甚至自命清高的敵意，於其中理性需要進一步尋找結果。結果是相互的攻擊，發生在一位饒富負面名聲的作者與受存在主義震驚的大眾；然後就是從小說的脈絡中孤立出來的話語，例如「地獄就是他者」，「存在先於本質」，「人是無用的熱情」，這些話語在每日報導中所引發的感覺，就認爲它們就是惡魔的口號。

知識分子的批判並未造成很大的傷害，因爲他們對於《存在與虛無》並未深入檢驗[1]。首先是基督徒，他們除了批判沙特的無神論之外，還責難他的唯物論立場。然後是共產黨的批判，責難他拒絕唯物論。讓前者感到受傷的地方是，他粗暴地將「本我」立於主要位置，而後者將他視爲主觀主義者；實際上，所有概念，包含「偶然」、「拋棄」，以及「痛苦」同時拒絕這兩項責難。在沙特的印象中，這些回拒表達的就是恨，原因是他們認爲，在經歷過第二次世界大戰災難之後的法國，有精神層面的需求。如同一位批評者所質疑的：「全書認爲，人的定義完全依順歷史偶然存在的訴求，這能超越眞正的危機嗎？」事實上，這些反對意見經常是道德上的——甚至是功利的——卻不是哲學的。他們對本書沒興趣，很少花心思討論書中的理念，以及理念所彙集的內容。同一批評還說：「所有的人都不應該閱讀《存在與虛無》[2]。」沙特在眾人的認知上，並沒有稍微減

1 雖然當時年輕的哲學家社群，人數必然多於沙特的學生，他們已經非常注意他的著作。參閱法蘭西斯．揚森於一九四七年在米特出版社所著《沙特思想與道德問題》。

2 是的，除此之外，還有判定存在主義是「心靈的病態」。參閱皮樂．艾曼紐的〈對一個觀點的反思〉，發表於《泉源》期刊，四十一期（一九四五年四月）以及〈存在主義是什麼？一個攻擊列表〉在《法國文學》出版（一九四五年十一月二十四日）。

少他一貫的反人文主義；當法國人處在廢墟中，而且最需要精神的時刻，他弱化法國人的精神。

所以爲了要向大眾呈現融貫立場以及更正確的哲學，沙特決定作這場演講[3]。結果是演講變調，因爲大批極度興奮的聽眾擠爆演講廳，相較於愛好哲學的人來講，沙特懷疑這些聽眾蜂擁而至，爲的是對存在主義及其作者的負面名聲，但他們是否能聽懂最起碼的觀點。雖然沙特準備讓或多或少人理解他的存在主義，但這畢竟是一個完全屬於嚴肅哲學的內容。但是我們可以猜測，除了他不甚理解的群眾外，沙特的演講對象是他急欲和解的共產黨員。幾個月前，他甚至在其共黨刊物中發表文章，目前這些聯繫都斷了，而因爲存在主義的擴張，他們之間的敵意逐漸升高。

然而這並非導致沙特願與共產黨員和解的理論原因。關鍵是《存在與虛無》

---

3 這並非他的第一個計畫，因爲他在《行動週刊》裡給過定義以及對於所有共產黨員批判的回應。參閱，〈有關存在主義：一個觀點〉一九四四年十二月二十九日（在《沙特作品集》由M.孔達與M.荷伯卡編輯，卡力馬出版社，一九七〇）。

既嚴謹又混亂，閱讀不容易，又經常遭到曲解，成爲作者想要避免卻又不得不負責的對象。《存在與虛無》在構思與成熟的幾年中，作者被迫在「假戰」與戰俘營中，度過一段孤獨的安樂歲月。在這幾年中，作者思考存在眞理以及世人自身的知識力量，卻不能夠讓他忘卻被占領期間所產生的無力感。如果他因而渴望集體行動，那麼他能感受到歷史力量與社會的重要性。

同樣在一九四五年十月《現代時刻》的首刊出版，在他本人創辦這份期刊的時候，他非常支持左派的社會與經濟鬥爭，而其中法國共產黨中「武裝犧牲中隊」是主要代表，他並透過刊物的消息、報導、研究，促進人類自由。然而《現代時刻》的編輯團隊依然說，他們保留批判的自由：「我們從追求改變這個角度，同時改變人的社會條件與人對於自己所保有的概念。對於發生的各種政治與社會事件，我們的刊物會針對每個案例採取立場，這個刊物不做**政治上**的事情，意思是它不爲任何政黨效勞[4]。」

4 參閱，《現代時刻》的發刊辭，期刊首集，於一九四五年十月出版，收錄在《背景情況》第二輯，卡力馬出版社，一九四八。

對於共產黨的理論家而言，他們很不樂見這個自由判斷，根據《人道報》的報導：「這個自由玩了反動的遊戲[5]。」在理論上，自由的理念也是問題。在這場演講中，沙特甚至想要從哲學研究的角度，說服共產黨中的馬克思主義者，自由並不違反馬克思主義的概念，自由並不違反人受到經濟的決定。在出版《唯物論與革命》時，安然面對與共產黨之差異，沙特說：「個人自由與奴役並不是在相同的觀點下所形成的[6]。」

總結而言，從《存在與虛無》出版開始[7]，人們以道德審度他的言論，更精確地講，人們一開始就從負面的道德結果譴責他。希望釐清誤解，也爲了讓大眾理解，沙特努力以簡單的方式談論他的論點，但人們卻只注意他們自認理解的部

5 參閱，M.-A. 伯你爾所著《存在主義者與政治》，卡力馬出版社，一九六六。

6 參閱《現代時刻》於一九四六年六月與七月出版的第九集與第十集，收錄在《背景情況》第三輯，卡力馬出版社，一九四九。

7 他有關自由的原創理念，其中發展出承擔與責任，導致一種倫理思想的逐漸浮現，對此沙特曾經說過要以下一份著作作說明，（參閱《存在與虛無》第四部分與結論）。

分。他在有關於存在中實體與人的無解關係上，避開極爲困難的展現方式：例如，他重新提出，那來自齊克果與海德格的「痛苦」概念，並將此概念放置於他存有學理論的中心位置，把「痛苦」化約成爲倫理焦慮，而且以軍事首領發動部隊攻擊爲例作說明。但是這個普及化在和解的企圖上沒有什麼效果，馬克思主義者並沒有對他解除武裝。

但眞的有誤解嗎？我們以皮勒・納維勒[8]在演講後的發問爲例說明[9]，可以認爲眞有誤解。納維勒說：「我將所有處理哲學專業的特殊問題放在一邊。」對

---

8 皮勒・納維勒（1904-1993）是記者、社會學家、古典超現實主義者、武裝共產黨員，一九二八年因爲贊同托勒斯基主義而被共產黨開除；曾任一九二九年至一九三九年托勒斯基派領袖。一九四五年，他創辦《國際期刊》，並與共產黨和解。在這段時間，好友毛里斯・納多曾作證說：「像我們這種只剩下名稱的存活者，包含『托勒斯基派』的存活者，我們有必要在思考問題上依靠我們僅存的羅盤：馬克思主義。」參閱，《實現的恩典》，雅班・米謝爾出版社，一九九〇。

9 參閱本書最後部分。

於哲學家來講，如果對話人質疑他們的原則，同時又拒絕談論哲學，這種對話是不容易的。在納維勒的期刊中，一個他自己對這個簡要討論感到滿意的重點是：「皮勒．納維勒所說明的矛盾，**好過所有狹隘的觀點，我們可以清楚看到區分馬克思主義以及存在主義，甚至所有哲學的差異**（……）[10]。」事實上，如果需要限制沙特的存在主義，那麼這個會令年輕人引發極大興趣的思想，與其說是它的任何理論，不如說是爲了防止它激起混亂和遲疑。羅傑．加洛蒂說：「你阻止人們投向我們。」艾爾莎．特奧萊直言：「你是哲學家，所以你是反馬克思主義者。」事實上，如果馬克思主義的理論家都認爲，對馬克思主義的攻擊，就是弱化武裝分子進行鬥爭不可或缺的確定性（話說回來這也沒什麼用，因爲馬克思主義包含所有改變世界必需的眞理），但這對沙特而言很奇怪，因爲從他的哲學

---

10 參閱《國際期刊》第四集，一九四六年四月出版。粗體字是我們強調的。沙特認爲他與馬克思主義者缺乏交流的原因是：「當代馬克思主義者不能夠遮掩自己的想法，甚至在他們想要對他人開放時，依然拒絕敵人的語句（無論是透過恐懼，透過憎恨，透過怠惰）。這個矛盾使它們受限。」參閱，〈方法問題〉《辯證理性批判》，第一卷，新版本，卡力馬出版社，一九八五。

步伐來講，沙特後來在一九四八年將再次確認價值如下：「想要眞理就必須超過一切，甚至在災難的形式中偏好存在，原因就是**存在**[11]。」後來沙特很努力地以他所建議之人的概念，展示這價值——在這期間中他不斷地充實個人傳記式的說明——在面對馬克思主義時，存在主義並不是個過度的哲學[12]。

不管怎麼說，一點也不令人驚訝，沙特很快就後悔出版〈存在主義即人文主義〉。這篇講稿受到廣泛的閱讀，並被認爲是《存在與虛無》的介紹，但完全不是這麼回事：本講稿清晰但簡化的程度，讓人感覺沙特在這一年中所表現出的矛盾。他想要熱情地從共產黨角度參與集體生命，並認爲這能夠在戰後第一年，也就是社會轉型有可能面對劇烈轉變的時候，爲幾百萬人帶來希望，然而他的選擇並非哲學式的。馬克思主義者對他做了深具敵意的批判，但根本沒讀沙特哲學，而沙特也沒有很認眞地研究過馬克思思想。他只是企圖對於社會與歷史面向做反思，但在一開始就遇見困難。此外，現象學本質上是思考集體存在的好工具嗎？

---

11 參閱《眞理與存在》，逝後作品，卡力馬出版社，一九八九。

12 同前所引，〈方法問題〉。

沙特在〈方法問題〉中寫道：「在哲學裡有一個重要的因素，那就是時間。非常有必要寫一本理論著作。」這是他在這年做的事，但是時間上卻不對。

〈存在主義即人文主義〉因此是伴隨事件而生的產物，從對沙特的文學與哲學作品熟悉的人來講，即使在第一時間能夠抓住重點，卻依然模糊，充滿衝突，註定成爲他知識生命中一個轉折點。新一輪的哲學研究學派即將開始。在寫作的目標中，沙特嘗試在這場演講中說清楚，但無論如何結果依然是混亂與充滿敵意的，但卻使他在《辯證理性批判》中，激發出非常多新問題，這在他死後遺留的作品之中，以及其他的作品，足以證明這一切都發生在思想逐漸成熟之後。

阿萊特・爾凱姆－沙特

Arlette Elkaïm-Sartre

存在主義即人文主義

本文的目的是針對幾種對存在主義的責難進行辯護。

首先，存在主義曾被指責爲鼓勵人們對人生採取無所作爲的絕望態度。因爲解決的途徑既然全部堵塞了，人們必然會認爲任何行動都是完全無用的，而最終接受一種觀望哲學。再者，由於觀望是一種奢侈品，所以它只是另一種資產階級哲學。共產黨人特別指責這一點。

我們受到的另一方面責難是，我們強調了人類處境的陰暗一面，描繪卑鄙、骯髒、下流的事情，而忽視某些具有魅力和美並屬於人性光明一面的事情：例如，在天主教批評家梅昔埃小姐看來，我們就忘掉了嬰兒是怎樣笑的。不論從左的方面或者右的方面，我們都被指責爲抹殺了人類的一致性，而孤立地看待人類。其所以如此，共產黨人說，是因爲我們的理論是建立在純粹主觀性上——建立在笛卡兒的「我思」[1]上：這就是孤立的人找到自己的時刻；在這樣的處境，人是無法同存在於自我之外的他人取得一致的。這個我是無法透過我思接觸到人的。

1 十六世紀法國哲學家笛卡兒的名言：「我思故我在。」——譯者

基督教方面則責備我們否認人類事業的眞實性和嚴肅性。因為既然我們不承認上帝立下的那些戒條和一切規定的永恆價值，那麼剩下來的就只有自願行動可言了。誰喜歡怎樣做就可以怎樣做，而且根據這種觀點，我們將無法申斥任何人的觀點或者行動。

今天我就是準備答覆這些責難；也是為了這個緣故，我把這篇短文稱為「存在主義即人文主義」。不少人看見我在這個問題上提到人文主義也許感到詫異，但是我們將試著說明我們是怎樣理解人文主義的。不管怎樣，我們首先可以這樣說，存在主義，根據我們對這個名詞的理解，是一種使人生成為可能的學說；這種學說還肯定任何眞理和任何行動既包含客觀環境，又包含人的主觀性在內。人家加給我們的主要罪名當然是指我們過分強調了人生的惡的一面。最近有人告訴我，說有一位太太只要在神經緊張的時刻嘴裡滑出一句下流話，就為自己開脫說，「我敢說我成了個存在主義者了。」所以，看來醜惡和存在主義被視為同一回事了。這就是為什麼有些人說我們是「自然主義者」的緣故，但是果眞如此的話，他們這樣對我們大驚小怪又為著何來，因為目前人們對所謂眞正的自然主義好像並不怎樣害怕或者引以為恥。有些人完全吃得下一本左拉的小說，例如《大地》，然而一讀到一本存在主義小說就感到噁心。有些人把希望寄託在人類的智慧上——那是一種悲慘的智慧——但是發現我們的智慧更加悲慘。然而還有什麼比「施捨先及親友」[2]，或「提拔一個壞蛋，他要控訴你賠償損失；打倒他，他反而奉承你」這類的格言更加使人喪氣的呢？我們全都知道有許許多多類似這樣的格言；它們全都是一個意思——就是對當權者切不可以反對；決不要反抗當權派；要安分，不要以下犯上。再不然就是這樣：任何不符合某些傳統的行爲只是浪漫主義；或者任何沒有爲成功經驗所證實的行爲必然招致挫折，而且由於經驗證明人類毫無例外地都傾向於作惡，因此一定要有嚴厲的法規來約束他們，否則的話，就會出現無政府主義。然而，就是這些人嘴裡一直講著這些喪氣的格言，而且一聽見人們談到某些相當令人可恨的行爲時，就說「人性都是一樣的」——恰恰就是這些嘴裡一直嘮叨著現實主義的人，偏要埋怨存在主義對事物的看法太陰暗了。說實在話，他們的過分責難使我不得不懷疑，使他們惱火的很可能不是

2 以此作爲不肯施捨的藉口。——譯者

我們的悲觀主義，而是我們的樂觀主義。因爲歸根到底，我即將試圖向你們闡明的這門學說，其所以令人感到恐慌——可不是嗎——就是它爲人類打開了選擇的可能性。爲了證明這一點，讓我們把整個問題按照嚴格的哲學標準來論述一下。那麼，我們談論的這個存在主義究竟是什麼呢？

多數使用這個名詞的人，要他解釋存在主義是什麼意思時，都會弄得糊裡糊塗。因爲自從存在主義變得時髦以來，人們常常欣然宣稱這個音樂家或那個畫家是「存在主義者」。《光明》雜誌的一位專欄作家就自己署名爲「存在主義者」；的確，這個名詞目前被人們隨便用來指許許多多事情，幾乎弄得毫無意義可言了。看來，所有那些急切想在晚近最招搖的事情或者運動中插一手的人，由於缺乏諸如超現實主義之類的新奇學說，就抓著這個哲學不放了，但是從這裡面他們是找不到合意的東西的。因爲，說實在話，在所有的教導中，這是最不招搖，最最嚴肅的：它完全是爲專業人員和哲學家們提出的。儘管如此，它還是很容易講清楚。

問題之所以變得複雜，是因爲有兩種存在主義。一方面是基督教的存在主義，這些人裡面可以舉雅斯培[3]和加布里耶．馬塞爾，兩個人都自稱是天主教徒；另一方面是存在主義的無神論者，這些人裡面得包括海德格[4]以及法國的那些存在主義者和我。他們的共同點只是認爲存在先於本質——或者不妨說，哲學必須從主觀開始。這話究竟是什麼意思呢？

試拿一件工藝品——例如一本書或者一把裁紙刀[5]——來說，它是一個對此已有一個概念的匠人製造的；他對裁紙刀的概念，以及製造裁紙刀的此前已有的工藝（這也是概念的一部分，說到底，即一個公式）同樣已心中有數。因此裁紙刀既是一件可以按照固定方式製造出來的物件，又是一個達到某一固定目的的東西，因爲人們無法想像一個人會製造一把裁紙刀而不知道它派什麼用場。所以我們說，裁紙刀的本質，也就是使它的製作和定義成爲可能的許多公式和質地的總和，先於它的存在。這個樣式的裁紙刀或者書籍就是靠這樣在我眼前出現的。我

3　雅斯培（Karl Jaspers, 1883-1969），德國哲學家，精神病學家。——譯者

4　海德格（Martin Heidegger, 1889-1976），德國哲學家。——譯者

5　一種骨製或象牙製的鈍口刀，用以拆信或裁書頁。——譯者

們這樣說是從技術角度來看世界，而且我們可以說製作先於存在。

當我們想到上帝是造物主時，我們在大部分時間裡都把他想像爲一個超凡的工匠。我們考慮哲學問題時，不管是笛卡兒那樣的學說，或者萊布尼茲的學說，多少總含有這樣的意思，就是意志跟在理性後面，至多是隨理性一同出現，所以當上帝創造時，他完全明白自己在創造什麼。由於這個緣故，人的概念在上帝的腦子裡就和裁紙刀的概念在工匠的腦子裡相似：上帝按照一定程序和一種概念造人，完全像工匠按照定義和公式製造裁紙刀一樣。所以每一個人都是藏在神聖理性中的某種概念的體現。在十八世紀的無神論哲學裡，上帝的觀念被禁止了，但是儘管如此，本質先於存在的思想仍然沒有出現；這種思想到處都碰得見，在狄德羅的著作裡，在伏爾泰的著作裡，甚至在康德的著作裡。人具有一種人性；這種「人性」，也即人的概念，是人身上都有的，它意味著每一個人都是這個普遍概念——人的概念——的特殊例子。在康德的哲學裡，這種普遍性被推向極端，以至森林中的野人、處於原始狀態的人和資產階級全都包括在同一定義裡，並且具有同樣的基本特徵。在這裡，人的本質又一次先於我們在經驗中看見的人在歷史上的出現。6

無神論存在主義——我也是其代表人之一——則比較能自圓其說；它宣稱如果上帝並不存在，那麼至少總有一個東西先於其本質就已經存在了；先要有這個東西的存在，然後才能用什麼概念來說明它。這個東西就是人，或者按照海德格的說法，人的實在（human reality）。我們說存在先於本質的意思指什麼呢？意思就是說首先有人，人碰上自己，在世界上湧現出來——然後才給自己下定義。如果人在存在主義者眼中是不能下定義的，那是因爲在一開頭人是什麼都說不上的。他所以說得上是往後的事，那時候他就會是他認爲的那種人了。所以，人性是沒有的，因爲沒有上帝提供一個人的概念。人就是人。這不僅說他是自己認爲的那樣，而且也是他願意成爲的那樣——是他（從無到有）從不存在到存在之後願意成爲的那樣。人除了自己認爲的那樣以外，什麼都不是。這就是存在主義的第一原則。而且這也就是人們稱作它的「主觀性」所在，他們用主觀性這個字眼是爲了責難我們。但是我們講主觀性的意思除了說人比一塊石頭或者一

6 原文直譯爲「先於人的歷史性存在」，其眞實意義即是根據進化論從猿到人來的。——譯者

張桌子具有更大的尊嚴外，還能指什麼呢？我們的意思是說，人首先是存在——人在談得上別的一切之前，首先是一個把自己推向未來的東西，並且感覺到自己在這樣做。人確實是一個擁有主觀生命的規劃，而不是一種苔蘚或者一種眞菌，或者一棵花椰菜。在把自己投向未來之前，什麼都不存在；連理性的天堂裡也沒有他；人只是在企圖成爲什麼時才取得存在。可並不是他想要成爲的那樣。因爲我們一般理解的「想要」或者「意圖」，往往是在我們使自己成爲現在這樣時所作的自覺決定。我可以想參加一次宴會，寫一本書，或者結婚——但是碰到這種情形時，一般稱爲「我的意志」的，很可能體現了一個先前的而且更爲自發的決定。不過，如果存在眞是先於本質的話，人就要對自己是怎樣的人負責。所以存在主義的第一個後果是使人人明白自己的本來面目，並且把自己存在的責任完全由自己擔負起來。還有，當我們說人對自己負責時，我們並不是指他僅僅對自己的個性負責，而是對所有的人負責。「主觀主義」這個詞有雙重意義，而我們的論敵只在其中一個意義上做文章。主觀主義一方面指個人的自由，另一方面也指人越不出人的主觀性。這後一層意義在存在主義哲學裡是比較深奧的。當我們說人自己作選擇時，我們的確指我們每一個人必須親自作出選擇；但是我們這樣說也意味著，人在爲自己作出選擇時，也爲所有的人作出選擇。因爲實際上，人爲了把自己造成他願意成爲的那種人而可能採取的一切行動中，沒有一個行動不是同時在創造一個他認爲自己應當如此的人的形象。在這一形象或那一形象之間作出選擇的同時，他也就肯定了所選擇的形象的價值；因爲我們不能選擇更壞的。我們選擇的總是更好的；而且對我們說來，如果不是對大家都是更好的，那還有什麼是更好的呢？再者，如果存在先於本質，而且在模鑄自己形象的同時我們要存在下去，那麼這個形象就是對所有的人以及我們所處的整個時代都是適用的。我們的責任因此要比先前設想的重大得多，因爲它牽涉到整個人類。舉例說，如果我是個工人，我可以決定參加一個基督教的工會，而不參加共產黨的工會。而如果我以一個會員的資格，宣稱安分守己畢竟是最好的處世之道，因爲人的王國不是在這個世界上，這就不僅僅是我一個人承擔責任[7]的問題。我要人人都安分

7 承擔責任（Commit, Commitment）是存在主義哲學專門用的名詞；在某些情況下，用我們現在常用的新詞「表態」來譯倒比較容易理解，但在哲學文章中，這類名詞還是統一譯名爲好。——譯者

守己，因此我的行動是代表全人類承擔責任。再舉一個比較屬於個人的例子，我決定結婚並且生兒育女；儘管這一決定只是根據我的處境、我的情感或者慾望作出的，但這一來卻不僅爲我自己承擔責任，而且號召全人類奉行一夫一妻制。所以我這樣既對自己負責，也對所有的人負責；我在創造一種我希望人人都如此的人的形象。在模鑄自己時，我模鑄了人。

這就使我們能夠理解諸如痛苦、聽任、絕望——也許有點誇大了的——這一類名詞。下面你們就會看到，這原是很簡單的。首先，我們說痛苦是什麼意思呢？存在主義者坦然說人是痛苦的。他的意思是這樣——當一個人對一件事情承擔責任時，他完全意識到不但爲自己的將來作了抉擇，而且透過這一行動同時成了爲全人類作出抉擇的立法者——在這樣一個時刻，人是無法擺脫那種整個的和重大的責任感的。誠然，有許多人並不表現有這種內疚。但是我們肯定他們只是掩蓋或者逃避這種痛苦。的確，許多人認爲他們的所作所爲僅僅牽涉到他們本人，不關別人的事。而如果你問他們：「若是人人都這樣做，那怎麼辦？」他們將聳聳肩膀，並且回答說：「並不是人人都這樣做。」但是說實話，一個人應當永遠捫心自問，如果人人都照你這樣去做，那將是什麼情形；而且除了靠自我欺騙外，是無法逃避這種於心不安的心情的。那個說「並不是人人都這樣做」從而爲自己開脫的說謊者，在良心上一定很不好受，原因是他的這一說謊行爲無形中就肯定了它所否定的事情的普遍價值。他的痛苦恰恰是欲蓋彌彰。這種痛苦就是齊克果[8]叫做的「亞伯拉罕的痛苦」。你知道這故事嗎？一個天使命令亞伯拉罕犧牲他的兒子：如果現身的眞正是個天使並且說，「你，亞伯拉罕，應當犧牲你的兒子」，那當然非遵守不可。但是任何人碰到這種情形都會盤算，第一，是不是眞正的天使；第二，我是不是眞正的亞伯拉罕。證據在哪裡呢？一個爲幻覺所苦的瘋女人說有人打電話給她，並對她發命令。醫生問她：「跟你說話的是誰？」她回答：「他說是上帝。」的確，有什麼能向她證明是上帝呢？如果一個天使出現在我面前，有什麼證據表明它是天使呢？再說，如果我聽見聲音，誰能夠證明它是來自天堂，還是來自地獄，還是來自我自己的潛意識，還是某種病態引起的呢？誰能夠證明這些聲音確是對我說的呢？

那麼誰能夠證明我有資格，根據我自己的選擇，把我關於人的概念強行加給

---

8 齊克果（Søren Aabye Kierkegaard, 1813-1855），丹麥哲學家、神學家。——譯者

人類呢？我將永遠找不到任何證據，沒有任何跡象會使我相信是如此。如果有個聲音向我說話，它是否天使的聲音還得由我自己來決定。如果我認爲某一行動是好的，只有我有資格說它是好的而不是壞的。沒有什麼證據表明我是亞伯拉罕：雖說如此，我仍舊時時刻刻在行動上作出示範。不管什麼人，也不管碰上什麼事情，總好像全人類的眼睛都落在他的行動上，並且按照這種情況約束他的行動。所以任何人都應該說：「難道我眞有這樣的資格嗎，使我的所作所爲能成爲人類的表率？」如果有人不這樣問，他就是掩飾自己的痛苦。顯然，我們在這裡談的痛苦是不會導致無所作爲的。它是一種很單純的痛苦，是所有那些承擔過責任的人全都熟悉的那種痛苦。例如，一個軍事領袖負責組織進攻，並使若干士兵送掉性命；在這樣做時，他是作了選擇的，而且壓根兒是他一人作出選擇。當然，他是執行上級的命令，但是上級的命令比較籠統，要他自己來領會，而十個人或者十四個人或者二十個人的生命就繫在他的領會上。在作出這項決定時，他是沒法不感到痛苦的。所有的領袖都懂得這種痛苦。它阻止不了他們採取行動；相反，它是他們行動的眞正條件，因爲這個行動先就假定有多種可能性，而選擇其中之一時，他們懂得其價值只是由於被挑選上了。所以，存在主義形容的痛苦就是這種痛苦，而且下面我們將會看到，透過對別的有關人員負有直接責任這件事，存在主義使這種痛苦變得明確了。它根本不是一幅把我們與行動隔開的屏障，而是行動本身的一個條件。

而當我們談到「聽任」——這是海德格最愛用的字眼——時，我們的意思只是說上帝不存在，並且必須把上帝不存在的後果一直推衍到底。存在主義者強烈反對某種類型的世俗道德論，因爲它企圖花最少的氣力將上帝壓抑下去。在將近一八八〇年時，法國有一批教授竭力想創立一種世俗的道德哲學；他們的話是這樣說的：「上帝是一個無用而且很花錢的假設，因此我們不需要他。」可是如果我們要有道德，要一個社會和一個遵守法律的世界，那就必須認眞對待某些價值；這些價值必須賦予先天的存在。如人要誠實，不打謊語，不打老婆，撫養兒女，等等，都必須認爲是先天的義務；因此在這個問題上，我們還得做一點工作，使我們能夠指給人看，這些價值照樣是存在的；當然上帝是沒有的，但是這些價值仍然寫在一個理性天堂上。換句話說——而且我相信這是我們在法國叫做過激派的中心思想——上帝雖然不存在，但是一切照舊；我們將重新發現同樣的誠實準則、進步準則、人道準則，而且我們將會把上帝作爲一個過時的假設處理掉，讓他不聲不響地死掉。存在主義者則與此相反；他認爲上帝不存在是一個極端尷尬的事情，因爲隨著上帝的消失，一切能在理性天堂內找到價值的可能性都消失了。任何先天的價值都不再存在了，原因是沒有一個無限的和十全十美的心靈去思索它了。「善」是有的，人必須誠實，人不能說謊，這些事蹟哪兒也看不見，因爲我們現在是處在僅僅有人的階段。杜斯妥也夫斯基有一次寫道：「如果上帝不存在，什麼事情都將是容許的。」這對存在主義說來，就是起點。的確，如果上帝不存在，一切都是容許的，因此人就變得孤苦伶仃了，因爲他不論在自己的內心裡或者在自身以外，都找不到可以依靠的東西。他會隨即發現他是找不到藉口的。因爲如果存在確是先於本質，人就永遠不能參照一個已知的或特定的人性來解釋自己的行動，換言之，決定論是沒有的——人是自由的，人就是自由。另一方面，如果上帝不存在，也就沒有人能夠提供價值或者命令，使我們的行爲合法化。這一來，我不論在過去或者未來，都不是處在一個有價值照耀的光明世界裡，都找不到任何爲自己辯解或者推卸責任的辦法。我們只是孤零零一個人，無法自解。當我說人是被逼得自由的，我的意思就是這樣。人的確是被逼處此的，因爲人並沒有創造自己，然而仍舊自由自在，並且從他被投進這個世界的那一刻起，就要對自己的一切行爲負責。存在主義者不相信熱情有什麼力量。他從不把偉大的熱情看作是一種毀滅性的洪流，能夠像命運一樣把人捲進一系列的行動，從而把這些行動歸之於熱情的推動。存在主義者也不相信人在地球上能找到什麼天降的標誌爲他指明方向；因爲他認爲人對這些標誌願意怎樣解釋就怎樣解釋。他認爲任何人，沒有任何支持或者幫助，卻逼得要隨時隨刻發明（invent）[9]人。正如龐傑（Ponge）在一篇精彩的文章中講的，「人是人的未來」。這話說得完全對。只不過，如果我們把這句話理解爲未來是攤在天上的，認爲上帝知道這個未來是什麼，那就錯了，因爲這樣一來，那就連未來都談不上了。可是如果他這話的意思是說，不管人現在看上去是什麼樣子，他總有個未來要形成，總有個童貞[10]的未來在等待他——那麼這話就說得對了。但是在目前，

9　這也是作者故意用的字眼，只能直譯，它的涵義是在「創造」和「杜撰」之間，總之是強調從無到有。——譯者

10　virgin，意爲清白或未經染指，也可能賣弄文采，說有個處女在等待這裡的「他」；譯文試圖照應其雙關意義。——譯者

他卻是無依無靠的。

為了使你更加理解「聽任」這個說法的意思，讓我舉我的一個學生為例。他是在下述的情況下來找我的。他的父親正和他的母親吵架，而且打算當「法奸」[11]；他的哥哥在一九四〇年德軍大舉進攻時陣亡，這個年輕人懷著一種相當天眞但是崇高的感情，發誓要替哥哥報仇。他母親單獨和他住在一起，對他父親的半賣國行徑和長子的陣亡感到極端痛苦；她唯一的安慰就在這個年輕兒子身上。但是她兒子這時卻面臨著一個抉擇，那就是或者去英國參加自由法國軍隊，或者和母親在一起幫助她生活下去。他完全懂得母親就是為他活著；他走掉——或者可能死掉——就會使她了無生趣。他也懂得，具體說來，而且實際上也是如此，他為了母親所採取的任何行動，肯定會取得幫助他母親活下去的效果，而他為了出走和從軍所採取的任何行動將是一種非常沒有把握的行動，說不定會像水消失在沙裡一樣，毫無結果可言。比如說，要去英國他先得通過西班牙，並且得在一個西班牙的帳篷裡無限期地等待下去；還有，在到達英國或者阿爾及爾之

11 指第二次世界大戰時同占領法國的納粹德軍合作的人。——譯者

後，他說不定會被派在辦公室裡填填表格。因此，他發現自己面臨著兩種形態非常不同的行動：一種行動很具體，很直截了當，但是只爲一個人著想；另一種行動的目標要遠大得多，是爲全國人民的，但是正因爲如此，這個行動變得沒有把握了——它說不定會中途夭折。與此同時，他也在兩種道德之間躊躇莫決：一方面是同情，是對個人的忠誠；另一方面，忠誠的對象要廣泛得多，但是其正確性也比較有爭議。他得在這兩者之間作出抉擇。有什麼能幫助他選擇呢？沒有。基督教的教義說：對人要慈善，要愛你的鄰人，要爲別人克制你自己，選擇最艱苦的道路，等等。但是什麼是最艱苦的道路？誰應當承受這種兄弟般的愛呢？是愛國者，還是那個母親？哪一個目的比較有用呢？是參加整個社會鬥爭這個一般性的目的，還是幫助某一特定的人生活下去的具體目的？誰能夠先天地回答這個問題？沒有人。而且任何倫理學文獻裡也沒有規定過。康德的倫理學說，永遠不要把另一個人當作手段，而要當作目的。如果我和我母親待在一起，我就是把她當作一個目的，而不是當作一個手段：但是根據同樣理由，那些爲我戰鬥的人就有被我當作手段的危險；反過來也是一樣，如果我去幫助那些戰士，我將是把他們當作目的，而犯了把我母親當作手段的危險。

如果價值是沒有把握的，如果價值太抽象了，沒法用它來決定我們目前所考慮的特殊的、具體的事情，那就只有倚仗本能一法了。這就是那個青年人試圖做的。當我看見他時，他說：「歸根到底，起作用的還是情感，情感眞正把我推向哪個方向，那就是我應當選擇的道路。如果我覺得非常愛我的母親，願意爲她犧牲一切——諸如報仇的意志，以及一切立功立業的渴望——那麼我就同她待在一起。如果相反地，我覺得對她的感情不夠深，我就走。」但是人怎樣估計感情的深淺呢？他對母親的感情恰恰就是以他站在母親這一邊來衡量的。我可以說我愛我的某個朋友愛到可以爲他犧牲，或者犧牲一筆錢的程度，但是除非我這樣做了，否則我是無法證明我愛他到這樣程度的。我可以說，「我愛我的母親愛到同她待在一起的程度」，但只有我眞正同她待在一起時才能這樣說。我要估量這種感情的深淺，只有付諸行動，以行動來說明和肯定我的感情的深淺。但是如果我再援引這種感情來爲我的行動辯護，那我就是捲進一種惡性循環。

再者，正如紀德[12]說得好，一種僞裝的情感，一種眞摯的情感，兩者是很難

[12] 紀德（André Gide, 1869-1951），法國小說家。——譯者

區別的。決定愛自己母親而同她待在一起，和演一齣喜劇其結果是同母親待在一起，這兩者差不多是一樣的。換句話說，情感是由人的行爲形成的；所以我不能參照我的情感來指導行動。而這就是說我既不能從內心裡找到一個眞正的行動衝力，也不能指望從什麼倫理學裡找到什麼能幫助我行動的公式。你可以說那個青年至少還找上一位教授向他請教。但是如果你向人請教——例如向牧師請教——你已經選上那個牧師了；歸根到底，你多多少少已經知道他將會給你什麼忠告了。換句話說，在你選擇一個人向他請教時，你作這項選擇就已經承擔責任了。如果你是個基督教徒，你會說，去請教一位牧師；但是牧師裡面有法奸，有參加抵抗者，有等待時機者；你選擇哪一個呢？這個青年如果選擇一個參加抵抗的牧師，或者選擇一個法奸牧師，他事先就得決定他將會得到什麼忠告。同樣，在來找我之前，他也知道我將會給他什麼忠告，而且我只有一個回答。你是自由的，所以你選擇吧——這就是說，去發明吧。沒有任何普遍的道德準則能指點你應當怎樣做：世界上沒有任何的天降標誌。天主教徒會說：「啊，可是標誌是有的！」很好；但是儘管有，不管是什麼情形，總還得我自己去理解這些標誌。我坐監牢時，認識了一個相當有學問的人，他是耶穌會會士。他參加耶穌會的經過是這樣的：他一生中遭到一連串的沉重打擊——幼年喪父，生活貧苦；一個宗教團體給他一筆助學金，這使他一直覺得自己是慈善事業的收容對象，由於這個緣故，有好幾次對兒童的表揚和獎勵都沒有他的份；後來，大約在十八歲時，他遭到一次情場失意；最後，在二十二歲時——事情本來是無足輕重的，但卻是他的最後希望——他在軍事學院的考試上落第了。所以這個青年可以把自己看作是徹底失敗的：這是一個標誌，但是這個標誌說明了什麼呢？他很可以變得憤世嫉俗或者絕望。但是他認爲——這在他是很聰明的——這是一種標誌，表明世俗的成就沒他的份，他能夠走的一條路，他能取得的成就是在宗教方面、神職方面、信仰方面。他把自己的經歷看作是上帝的啟示，所以加入了耶穌會。他這樣看待自己的遭遇，把它看成是上帝啟示的標誌，誰都會認爲這是他的理解，而且是他個人的理解。人們可以從這一系列的厄運得出完全不同的結論——比如，他還是去當木匠，或者參加革命的好。不過，就解釋標誌這一點來說，他是承擔全部責任的。這就是「聽任」的涵義，即決定我們存在的是我們自己。而隨同這種聽任俱來的就是痛苦。

至於「絕望」，這個名詞的意思是極其簡單的。它只是指，我們只能把自己所有的依靠限制在自己意志的範圍之內，或者在我們的行爲行得通的許多可能性之內。一個人不論指望什麼，這種可能性的因素總是存在的。如果我指望一個朋友會來看我，他可以坐火車來，也可以坐電車來，我總預計火車將準時到達，或者電車不會出軌。我這就是處在可能性的範圍裡；但是我並不依靠那些與我的行動沒有密切關係的可能性。超過這個限制，那些被認爲不再影響我的行動的可能性，我就應當不再有興趣。因爲沒有一個上帝或者什麼先天的規劃能使世界和它所有的可能性去適應我的意志。當笛卡兒說「征服你自己，而不要征服世界」，他基本上也是這個意思——即我們不應當懷著希望行動。

我跟馬克思主義者談到這一點時，他們曾經回答說：「你的行動顯然是以你的死亡爲限的；但是你可以倚仗別人的幫助。這就是說，你既可以指望別人在別處的所作所爲，如在中國和俄國，給你幫助；也可以指望他們以後的所作所爲，即在你死後，繼承你的事業繼續前進，直到最後實現，也即革命的勝利。不僅如此，你必須依靠這一點；不這樣做是不道德的。」對於這番話，我的反駁是，第一，我在鬥爭中將永遠依賴我的戰友，只要他們和我一樣對一個具體的共同主張承擔責任；並且依賴黨或者我能夠多多少少控制的集體的團結——這就是說，依賴那個我報名參加戰鬥並且隨時知道其動向的黨。在這方面，依賴黨的團結和黨的意志完全像依賴火車將準時到達和電車不會出軌一樣。但是我不能夠依賴我不認識的人，我不能把我的信心建立在人類的善良或者人對社會改善的興趣上，因爲人是自由的，而且沒有什麼人性可以認爲是基本的。我不知道俄國革命將會導致什麼結果。今天，無產階級在俄國起的作用是它在任何別的國家都沒有能達到的；只要這樣，我可以欽佩它，並且認爲它是個好的例子。但是我無法肯定這會必然導致無產階級的勝利：我只能把我限制在我見到的一切裡。我也不能肯定那些戰友在我死後將會繼承我的事業，並把工作做得盡善盡美，因爲那些人都是有自由意志的，他們到了明天將自由決定那時候的人將會怎樣。明天，在我死後，有些人可能決定建立法西斯主義，而別的人可能變得很懦弱，或者鬆鬆垮垮，聽任他們爲所欲爲。這樣的話，法西斯主義那時就會成爲人類的眞理，而我們就更加倒楣了。說實在話，事情是由人們決定要怎樣就怎樣的。這是否意味著我將採取無所作爲的態度呢？不。我首先應當承擔責任，然後按照我的承擔責任行事，根據那個古已有之的公式：「從事一項工作但不必存什麼希望。」這也不等於說我不應參加政黨，而只是說我不應當存在幻想，只應當盡力而爲。比方說，如果我問自己：「這樣的社會理想有沒有可能成為現實呢？」我沒法說，我只知道凡是我力所能及的，我都去做；除此以外，什麼都沒有把握。

無作為論是那些說「讓別人做我不能做的」的人的態度。我給你們陳述的這種學術恰恰和這種態度相反，因為它宣稱除掉行動外，沒有眞實。確實，它還進一步補充說：「人只是他企圖成為的那樣，他只是在實現自己意圖上方才存在，所以他除掉自己的行動總和外，什麼都不是；除掉他的生命外，什麼都不是。」正因為如此，所以我們不難理解為什麼有些人聽到我們的教導感到駭異。因為許多人鬱鬱不得志時只有一個給自己打氣的辦法，那就是這樣跟自己說：「我這人碰見的事情總是不順手，否則我的成就要比過去大得多。誠然，我從來沒有碰到過一個我眞正愛的女人，或者結識過一個眞正要好的朋友；不過那是因為我從來沒有碰到過一個值得我結識的男人，或者一個眞正值得我愛的女人；如果我沒有寫過什麼好書，那是因為我過去抽不出時間來寫；還有，如果過去我沒有什麼心愛的孩子，那是因為我沒有能找到可以同我一起生活的男人。所以我的能力、興趣和能夠發揮的潛力，是多方面的，雖然沒有用上但是完全可以培養的；因此決不可以僅僅根據我過去做的事情對我進行估價；實際上，我不是一個等閒的人。」但是實際上，而且在存在主義者看來，離開愛的行動是沒有愛的；離開了愛的那些表現，是沒有愛的潛力的；天才，除掉藝術作品中所表現的之外，是沒有的。普魯斯特的天才就表現在他的全部作品中；拉辛的天才就表現在他的一系列悲劇中，此外什麼都沒有。爲什麼我們要說拉辛有能力再寫一部悲劇，而這部悲劇恰恰是他沒有寫的呢？一個人投入生活，給自己畫了像，除了這個畫像外，什麼都沒有。當然，這種思想對於那些一生中沒有取得成就的人是有點不好受的。另一方面，這卻使人人都容易理解到只有實際情況是可靠的；夢、期望、希望只能作爲幻滅的夢、夭折的希望、沒有實現的期望來解釋人；這就是說，只能從反面，而不是從正面來解釋。雖說如此，當一個人說，「你除掉你的生活之外，更無別的」，這並不意味著說一個畫家只能就他的作品來估計他，因爲還有千百件其他的事情同樣有助於解釋他的爲人。這話的意思就是說，一個人不多不少就是他的一系列行徑；他是構成這些行徑的總和、組織和一套關係。

鑒於這一切，人們對我們的責難，歸根到底，並不是我們的悲觀主義，而是我們嚴肅的樂觀主義。如果有人攻擊我們寫的小說，說裡面描繪的人物都是卑鄙的、懦弱的，有時甚至是肆無忌憚的作惡者，那是因爲這些人物都是卑鄙的、懦弱的、惡的。因爲假如像左拉一樣，我們把這些人物的行爲寫成是由於遺傳，或者是環境的影響，或者是精神因素、生理因素決定的，人們就會放心了；他們會說：「你看，我們就是這樣的，誰也無能爲力。」但是存在主義者在爲一個儒夫畫像時，他寫得這人是對自己的儒弱行爲負責的。他並不是因爲有一個儒弱的心，或者儒弱的肺，或者儒弱的大腦，而變得儒弱的；他並不是透過自己的生理機體而變成這樣的；他所以如此，是因爲他透過自己的行動成爲一個儒夫的。世界上沒有儒弱的氣質這樣東西。有的人的氣質容易緊張；有的人貧血；有的人感情豐富。但是貧血的人並不因此而是個儒夫，因爲使人成爲儒夫的是放棄或者讓步的行爲；而氣質並不是一種行動。一個人成爲儒夫是根據他做的事情決定的。人們無形中感覺到，而且感到駭異的，是因爲我們筆下的那種儒夫被描繪成因爲是儒夫而有罪。人們喜歡的是，一個人天生就是儒夫或者英雄。《自由之路》那本書受到最多的責難大致上就是這樣：「可是，歸根到底，這些人是非常卑鄙的，你怎麼能夠把他們寫成英雄呢？」這條反對理由的確相當可笑，因爲它暗示英雄是天生的；然而，這些人老老實實就是這樣一廂情願。如果你天生是個儒夫，你就可以安安分分活下去，因爲你對此毫無辦法可想，而且不管你怎樣努力，你將終身是個懦夫；而如果你天生是個英雄，你也可以安安分分活下去，你將終身是個英雄，像一個英雄那樣吃吃喝喝。而存在主義者卻說，是懦夫把自己變成懦夫，是英雄把自己變成英雄；而且這種可能性是永遠存在的，即懦夫可以振作起來，不再成爲懦夫，而英雄也可以不再成爲英雄。要緊的是整個承擔責任，而不是透過某一特殊事例或者某一特殊行動就作爲你的全部。

我想，就若干針對存在主義的責難我們已經回答了。你會看出它不能被視爲一種無作爲論的哲學，因爲它是用行動說明人的性質的；它也不是一種對人類的悲觀主義描繪，因爲它把人類的命運交在他自己手裡，所以沒有一種學說比它更樂觀了。它也不是向人類的行動潑冷水，因爲它告訴人除掉採取行動外沒有任何希望，而唯一容許人有生活的就是靠行動。所以在這個水準上，我們所考慮的是一種行動的和自我承擔責任的倫理學。可是，根據這點資料，仍舊有人責難我們把人限制在個人主觀性上面。在這裡，我們又遭到許多誤解。

的確，我們的出發點是個人的主觀性，而所以這樣說是根據嚴格的哲學理由。這並不是因爲我們是資產階級，而是因爲我們要把自己的教導建立在眞理上，而不是建立在一套漂亮的理論上，看上去充滿希望，但是根基一點不扎實。

作爲出發點來說，更沒有什麼眞理能比得上我思故我在了，因爲它是意識本身找到的絕對眞理。任何從人出發的理論，只要一脫離這個找到自我的狀態，就是壓制這種眞理，原因是脫離了笛卡兒的我思，一切東西至多只具有可能性或概率性，而任何關於概率性的理論，不附在一個眞理上，就會垮得無影無蹤。爲了說明可能性，人必須掌握眞理。在能找到任何眞理之前，人必須有一個絕對眞理，而這種簡單的、容易找到的、人人都能抓住的眞理是有的，它就是人能夠直接感到自己。

其次是只有這個理論配得上人類的尊嚴，它是唯一不使人成爲物的理論。所有的唯物主義理論都使人把所有的人，包括他自己，當作物——也就是說，當作一套預先決定了的反應，與構成一張桌子，或者一把椅子，或者一塊石頭的那些質地和現象的模式並無二致。我們的目的恰恰是建立一個價值模式的人的王國，有別於物質的世界。但是我們這樣假定爲眞理標準的主觀性並不是什麼狹隘的個人主觀主義，因爲正如我們表明過的，我們從我思中發現的並不僅僅是我自己，也發現了別人。與笛卡兒的哲學相反，也與康德的哲學相反，當我們說「我思」時，我們是當著別人找到我們自己的，所以我們對於別人和對我們自己同樣肯定。因此，那個直接從**我思**中找到自己的人，也發現所有別的人，並且發現他們是自己存在的條件。他認識到除非別人承認他如此（諸如說一個人高尚，或者說一個人欺詐或者妒忌），否則他是不可能成爲什麼的。除非透過另一個人的介入，我是無法獲得關於自己的任何眞情實況的。對於我的存在，別人是少不了的；對於我所能獲得的關於自己的任何知識，別人也是同樣少不了的。在這些情況下，關於我自己的親切發現同時也揭示了別人的存在；面對著我的自由是他的自由；他有思想，有意志，而他這樣做時，是不可能不牽涉到我的，必然是或者支持我，或者反對我。這一來，我們立刻就發現自己處在一個不妨說是「主觀性林立」的世界裡。人就得在這個世界裡決定自己是什麼和別人是什麼。

再者，雖然我們無法在每一個人以及任何人身上找到可以稱爲人性的普遍本質，然而一種人類**處境**的普遍性仍然是有的。今天的思想家們大都傾向於談人的處境，而不願意談人性，這並不是偶然的。對所謂人的處境，他們的理解是相當清楚的，即一切早先就規定了人在宇宙中基本處境的**限制**。人的歷史處境是各不相同的：人生下來可以是異教社會裡的一個奴隸，也可以是一個封建貴族，也可以是一個無產階級。但是永遠不變的是生存在世界上所少不了的，如不得不勞動和死。這些限制既不是主觀的，也不是客觀的，或者說，既有其主觀的一面，又有其客觀的一面。客觀是因爲我們到處都碰得見這些限制，而且到處都被人看出來；主觀是因爲有人在這些限制下生活，而如果沒有人在這些限制下生活，也就是說，如果人不聯繫這些限制而自由地決定自己和自己的存在，這些限制就是毫不足道的。還有，雖然人的意圖可以各不相同，但至少沒有一個對我是完全陌生的，原因是任何一個人類意圖都表現爲企圖超過這些限制，或者擴大這些限制，不然就是否定這些限制，或是使自己適應這些限制。其結果是，任何一個意圖，不管會是多麼個別的，都具有普遍價值。任何意圖，即使是一個中國人的，或者一個印度人的，或者一個黑人的，都能爲一個歐洲人所理解。說它能夠被理解，就是說這個一九四五年的歐洲人會掙扎出某種處境而以同樣方式對付同樣的那些限制，並且可以在自己心裡重新形成那個中國人，或者那個印度人，或者那個非洲人的意圖。任何意圖都有其普遍性；在這個意義上，任何意圖都是任何人所理解得了的。並不是說這個意圖或者那個意圖能夠永遠解釋人，而是說它可以反覆用來參照。一個白痴，一個孩子，一個原始人類，或者一個外國人，只要有足夠的資料，總是有法子了解的。在這個意義上，我們可以說有一種人類的普遍性，但是它不是已知的東西；它在一直被製造出來。在選擇我自己時，我製造了這種普遍性；在理解任何別的人、任何別的時代的意圖時，我也在製造這種普遍性。這種選擇行爲的絕對性並不改變每一個時代的相對性。

存在主義的核心思想是什麼呢？是自由承擔責任的絕對性質；透過自由承擔責任，任何人在體現一種人類類型時，也體現了自己——這樣的承擔責任，不論對什麼人，也不管在任何時代，始終是可理解的——以及因這種絕對承擔責任而產生的對文化模式的相對性影響。我們必須同樣看到笛卡兒哲學的相對性和笛卡兒式承擔責任的絕對性。在這個意義上，你不妨說，如果你願意的話，我們每個人透過呼吸、吃喝、睡覺或者用隨便什麼方式行動，都在創造絕對。在自由存在（free being）[13]——作爲自我承擔責任，作爲存在選擇其本質——與絕對存在之間，沒有什麼區別。在作爲絕對的、暫時局部化了的——侷限在歷史上——存

13 從這裡起到本節止，「存在」都譯自 being，但是存在主義者把 being 一詞用得很廣；在有些人的筆下，有 being, beings 和 Being 的用法，碰到那種情形時，我們就譯爲「有」、「眾有」和「大有」。在本文裡，我們還沒有碰到要這樣譯的情況。——譯者

在與普遍可理解的存在之間，也沒有任何區別。

這樣說並不能完全駁倒說我們是主觀主義的責難。事實上，他們的責難可以有好幾種形式。第一種是這樣的：他們對我們說，「那麼不管你做什麼都沒有關係了」；而且他們的這句話有不同說法。他們先是責備我們提倡無政府主義；然後又說，「你們不能判斷別人，因爲你們沒有理由贊成一種意圖，而不贊成另一種意圖」；最後，他們會說，「你這樣選擇，什麼都只是隨便的了；因爲你這隻手放棄的，正是你另一隻手要抓的。」[14]這三種責難都不是怎麼了不起。先講第一種：說不管我們怎樣選擇都沒有關係，這是不對的。在某種意義上，選擇是可能的，但是不選擇卻是不可能的，我總是能夠選擇的，但是我必須懂得如果我不選擇，那也仍舊是一種選擇。這看上去好像只是形式主義，但在限制想入非非或者隨心所欲上卻非常重要。因爲當我親自碰上時——例如，我是個可以有性生活的人，可以與異性發生關係，並且生孩子——我對這件事非得決定我的態度不可，而且從種種方面說來，我對自己的選擇是負有責任的；在自己承擔責任的同

[14] 這第三點責難是參照後面對這項責難的答覆譯的，與原文字面稍有出入。——譯者

時，也使整個人類承擔責任。即使我的選擇不是由任何先天的價值決定的，它跟隨心所欲總不相干：而如果有人認爲這只是紀德的自由行動（acte gratuit）老調重彈，他就是沒有看出這個理論與紀德理論之間的巨大差別。紀德不懂得什麼叫處境，他的「行動」純粹是隨心所欲。相反，我們的看法是，人發現自己處在一個有組織的處境中，他是擺脫不掉的：他的選擇牽涉到整個人類，而且他沒法避免選擇。他或者仍舊獨身，或者結婚而不生孩子，或者結婚並且生孩子。反正，不管他怎樣選擇，鑒於他現在的處境，他是不可能不擔當全部責任的。當然，他選擇時用不著參照任何既定的價值，但是責備他隨心所欲是不公平的。我們不妨說，道德的抉擇比較像一件藝術品的製作。

可是在這裡我必須立即插進一句聲明，就是我們並不是提倡一種美學的道德觀，因爲我們的論敵相當不夠坦率，連這樣說也會責難我們。我提到藝術作品只是作爲一種比較。這話先說清楚；然後我們問，當一個畫家作一張畫時，可有人責備他不按照先前建立的法則作畫的？可有人問過他應當畫什麼畫呢？誰都知道，沒有什麼預先說清楚的畫要他畫的：畫家自己從事作畫，而他應當作出的畫恰恰就是他將會畫出來的那張畫。誰都知道先天的藝術價值是沒有的，但是在適當的時候，一張畫在布局上，在創造的意圖與成品之間，是有好壞可言的。誰也說不了明天的繪畫將是怎麼樣的；誰也不能在一張畫完成之前對它說長道短。這和道德有什麼關係呢？我們處在同樣的創作環境。我們從來不說一張畫是不負責任的；當我們討論一張畢卡索的油畫時，我們很懂得這張畫的構圖是在他作畫時變成這樣的，而他的作品則是他整個生命的一個組成部分。

在道德的水準上，情形也是一樣。藝術和道德在這一點上是共同的，就是兩者都涉及創造和發明。我們無法預先決定應當做些什麼。我認爲我舉的那個學生來找我的例子相當能說明問題，就是不管他乞助於任何道德體系，康德的或者任何一個人的體系，他都找不到一點點可以作爲嚮導的東西；他只有自己發明一法。當然，我們不能說這個人在選擇同母親待在一起時——就是說，把情感、個人忠誠和具體的愛作爲他的道德基礎——是作了一件不負責任的選擇；同樣，如果他犧牲母親而去英國，我們也不能責備他不負責任。人是自己造就的，他不是做現成的；他透過自己的道德選擇造就自己，而且他不能不作出一種道德選擇，這就是環境對他的壓力。我們只能聯繫人的承擔責任來解釋他，所以責備我們在選擇上不負責任是荒謬的。

其次，有人對我們說：「你們不能夠判斷別人。」這話在某種意義上是對的，在另一種意義上則是錯的。說它對是有這樣的意思，即不管人在什麼時候清清楚楚、誠誠懇懇地選擇他的目的和他的承擔責任行爲，不管他的目的是什麼，他是不可能挑上另一個目的的。說它對，還因爲我們不相信進步。進步意味著改善，但是人始終是一樣的，面對著一個不斷在變動著的形勢，而選擇始終只是針對形勢作的選擇。從人要在奴隸制與反奴隸制之間作出選擇的時候起，從諸如王位繼承戰爭的時候起，一直到目前人要在人民共和運動與共產主義之間作出選擇的時候止，道德問題就沒有變動過。

儘管如此，如我曾經說過的，我們是能判斷的，因爲人是參照別人進行選擇的；而在參照別人時，人就選擇了自己。首先，人能夠判斷——也許這不是一種價値判斷，但是一種邏輯判斷——在有些事情上，人的選擇是根據一種錯誤，而在另外一些事情上，選擇則是根據眞實情況。我們可以判斷一個人，說他欺騙自己。因爲我們曾經解釋人類的處境是一種自由選擇的處境，沒有藉口也沒有援助，所以任何人以自己的熱情或者發明什麼決定論作爲藉口，爲自己開脫，就是自我欺騙。人們可以提出反對說：「可是爲什麼他不可以選擇自我欺騙呢？」我的回答是，我沒有資格在道德上對他進行判斷，但是我斷定他的自我欺騙是一種錯誤。談到這裡，人們沒法不作一項眞僞的判斷。自我欺騙顯然是虛僞的，因爲它掩蓋了人有承擔責任的完全自由。根據同樣的標準，如果我宣稱某些價值是我非接受不可的，這也是自我欺騙；我自願挑上這些價值，同時說這些價值是逼著我接受的，這不是自相矛盾嗎？如果有人對我說：「如果我要欺騙自己，那又怎麼樣呢？」我回答說：「我沒有理由說你爲什麼不應當這樣做，但是我要宣稱你在自我欺騙，而且只有始終如一的態度才是誠實可靠的態度。」還有，我可以宣布一項道德判斷。因爲我宣稱自由，就具體的情況而言，除掉其本身外，是不可能有其他的目的的；而當人一旦看出價值是靠他自己決定的，他在這種無依無靠的情況下就只能決定一件事，即把自由作爲一切價值的基礎。這並不是說他憑空這樣決定，這只是說一個誠實可靠的人的行動，其最終極的意義，就是對自由本身的追求。一個參加了共產黨或者什麼革命組織的人將追求某些具體目的，這也包括追求自由在內，但是這種自由是共同追求的。我們是爲自由而追求自由，是在特殊的情況下和透過特殊的情況追求的。還有在這樣追求自由時，我們發現它完全離不開別人的自由，而別人的自由也離不開我們的自由。顯然，自由作爲一個人的定義來理解，並不依靠別的人，但只要我承擔責任，我就非得同時把別人的自由當作自己的自由追求不可。我不能把自由當作我的目的，除非我把別人的自由同樣當作自己的目的。有這些緣故，當我看出人的存在先於本質的說法是完全可靠時，而且人是一個在任何情形下都不能不追求自己自由的自由人時，我就體會到我非同時追求別人的自由不可了。因此，按照自由本身所蘊含的追求自由的道理，我就可以對那些企圖無視其自身存在的澈底自動性和十足自由的人，作出判斷。那些躲避這種十足的自由，假裝正經或者用決定論爲自己開脫的人，我將稱之爲儒夫。另外一些人，企圖證明他們的存在是必要的，而實際上地球上出現人類只是一種湊巧——這些我將稱之爲小人。但是不論是儒夫或者小人，離開了存在先於本質的嚴格可靠性這個水準，都是無法識別的。因此，儘管道德的內容是變動的，但這種道德的某一種形式卻是普遍的。康德宣稱自由是一種既爲他自己又爲別人的自由的意志。對的，但是他認爲形式和普遍性[15]足夠構成一種道德。相反地，我們認爲過分抽象的原則碰到要解釋行動時，就會垮掉。讓我們

15 即無例外性。——譯者

再一次以那個學生爲例；你認爲他能夠靠什麼權威，憑藉什麼金玉良言或道德準則，使他心安理得地決定拋棄母親或者同她待在一起呢？這是無法決定的。決定的內容總是具體的，因此無法預計；它總得由人去發明。要緊的一點是弄清楚發明是否以自由的名義作出的。

讓我們舉兩個例子來對照一下，看看它們不同在哪裡，又相似在哪裡。試拿《河畔磨坊》[16]爲例。這書寫一個年輕女子瑪姬．塔利佛；她是一個滿腔熱情的女子，而且自己知道。她愛上一個青年男子斯蒂芬，而斯蒂芬卻與另一個平平常常的女子訂了婚。這個瑪姬．塔利佛並沒有不顧一切地追求自己的幸福，反而爲了人類的團結犧牲自己，放棄了她心愛的男子。另一方面，在斯湯達爾的《巴馬修道院》裡，拉．桑賽費林娜由於相信一個男子的眞正價值就在於有熱情，當眾宣稱崇高的情感是值得爲它作出犧牲的；應當說這要比斯蒂芬和與他訂婚的小丫頭結合的夫婦之愛強得多。爲了實現她自己的幸福，她就會決定犧牲後者，而

16《河畔磨坊》（*The Mill on the Floss*），英國女作家喬治．艾略特（George Eliot, 1819-1880）的小說。——譯者

且，正如斯湯達爾所表現的，如果生活對她作出這種要求，她也會從感情的高度犧牲自己。在這裡，我們碰見了兩種顯然對立的道德；但是我要說它們是等同的，理由是這兩個事例中壓倒一切的目的都是自由。你可以想像另外兩種實際上完全類似的態度，即一個女子可能爲了退讓，寧願放棄她的情人，而另一個則爲了滿足性慾，寧可不理會她愛的那個男人先前的婚約；在外表上，這兩個例子看上去可能同我們適才舉的兩個例子一樣，但事實上卻完全兩樣。拉．桑賽費林娜的態度與瑪姬．塔利佛的態度要接近得多，與那種不動腦筋的貪婪態度則相差很遠。因此，你看，這第二條反對理由既是對的，同時又是錯的。人可以作任何選擇，但只是在自由承擔責任的高水準上。

第三條反對理由是這樣說的：「你一隻手送出去，另一隻手又拿回來。」這話歸根到底就是說：「你的這些價值不是認眞的，因爲都是你自己選擇的。」對這種責難我只能說很可惜會弄成這樣；但是既然我把上帝這個神排除掉，那就總要有個人來發明價值。我們只能實事求是。還有，說我們發明價值恰恰意味著沒有先天的生活。生活在沒有人去生活之前是沒有內容的；它的價值恰恰就是你選擇的那種意義。所以你可以看出，創造一個人類共同體是有可能性的。我曾經被人指摘爲把存在主義說成是一種人文主義，那些人對我說：「但是你在《嘔吐》中曾經寫道人文主義是錯的，你甚至譏笑過某種類型的人文主義，爲什麼你又回到人文主義上來呢？」說實在話，人文主義有兩種完全不同的意義。人們可以把人文主義理解爲一種學說，主張人本身就是目的而且是最高價值。舉例說，在科克托[17]的《八十小時環遊地球記》裡，人文主義就是這樣的意義；書中的一個角色駕駛飛機高高飛在群山之上，喊道：「人眞是了不起啊！」這意味著說，雖然我本人沒有造出飛機來，但我卻從這些發明得到益處，而且我本人，由於是一個人，就可以認爲自己對某些人的特殊成就負責，並且引以爲榮。這就是認爲我們可以根據某些人的最出色行爲肯定人的價值。這種人文主義是荒謬的，因爲只有狗或者馬有資格對人作出這種總估價，並且宣稱人是了不起的，而且它們從來沒有作出這種總估價的傻事——至少，以我所知沒有作過。但是一個人對全人類進行估價也是不容許的。存在主義從來不作這樣的判斷；一個存在主義者從不把人當作目的，因爲人仍舊在形成中。而且我們沒有權利像奧古斯特·孔德那樣，肯

17 科克托（Jean Cocteau, 1889-1963），法國詩人、小說家、劇作家。——譯者

定人類可以作爲崇拜的對象。對人類的崇拜以孔德的人文主義結束，它把自己封閉起來了；而且，還不得不提一下，以法西斯主義結束。這種人文主義我們是不要的。

但是人文主義還有另一個意義，其基本內容是這樣的：人始終處在自身之外，人靠把自己投出並消失在自身之外而使人存在；另一方面，人是靠追求超越的目的才得以存在。既然人是這樣超越自己的，而且只在超越自己這方面掌握客體（objects），他本身就是他的超越的中心。除掉人的宇宙外，人的主觀性宇宙外，沒有別的宇宙。這種構成人的超越性（不是如上帝是超越的那樣理解，而是作爲超越自己理解）和主觀性（指人不是關閉在自身以內而是永遠處在人的宇宙裡）的關係——這就是我們叫做的存在主義的人文主義。之所以是人文主義，因爲我們提醒人除了他自己外，別無立法者；由於聽任他怎樣做，他就必須爲自己作出決定；還有，由於我們指出人不能返求諸己，而必須始終在自身之外尋求一個解放（自己）的或者體現某種特殊（理想）的目標，人才能體現自己眞正是人。

你可以看出，根據我們這些論述，再沒有比人們攻擊我們的那些理由更不公平的了。存在主義只是根據一貫的無神論立場推出其全部結論。它的用意絲毫不是使人陷於絕望。如果所謂絕望是指——諸如基督教徒說的那樣——不信仰什麼而言，那麼存在主義的絕望是有點不同的。存在主義的無神論並不意味著它要全力以赴地證明上帝不存在。毋寧說，它宣稱就算上帝存在，它的觀點也改變不到哪裡去。並不是我們相信上帝的確存在，而是我們覺得眞正的問題不在於上帝存在不存在；人類需要的是重新找到自己，並且理解到什麼都不能使他掙脫自己，連一條證明上帝存在的正確證據也救不了他。在這個意義上，存在主義是樂觀的。它是一個行動的學說，而基督教徒只有靠自我欺騙，靠把他們自己的絕望同我們的絕望混淆起來，才能把我們的哲學形容爲不存在希望的。

今天的希望：與沙特的談話

一

萊維：一段時間以來，您一直在思考希望和絕望問題。這是兩個您過去在著作中沒有更多地涉及的主題。

沙特：至少，不是以同樣的方式。因爲我始終認爲每個人都愛希望，我的意思是說，每個人都認爲無論他從事什麼工作，或者無論什麼，只要與他，或者與他所屬的社會團體利害有關的事，都是在取得實現的過程中，而且對他和構成他那個社團的人們也必將是有利的。我認爲希望是人的一部分；人類的行動是超越的，那就是說，它總是在現在中孕育，從現在朝向一個未來的目標，我們又在現在中設法實現它；人類的行動在未來找到它的結局，找到它的完成；在行動的方式中始終有希望在，我的意思是說，就確定一個目標加以實現這一點而言。

萊維：您曾經說過，人類的行動朝向一個未來的目標，但是您立刻接下去說這個行動是毫無結果的。希望必然是失望。在一個咖啡館的侍者、一個人民領袖——希特勒或者史達林——一個巴黎醉漢、戰鬥的革命的馬克思主義者和尚—

保羅·沙特中間，在所有這些人中間，看來有一種共同的東西：假如他們都為自己確定一些目標，那麼，可以說，他們都會失敗。

沙特：我沒有這樣確切地說，你誇張了。我曾說他們決不會眞正達到他們所尋求的目標，我曾說這裡始終存在著一種失敗……

萊維：您曾聲稱人類的行動把目的投射到未來中去，但是您也說過這種超越的運動最終引向失敗。您在《存在與虛無》中描述了一種存在，儘管它懷著嚴肅認眞的精神設想了種種目的，那些目的仍然像絕對的失敗。人為自己提出目標，但是在內心深處，他唯一想望實現的目標是成為上帝，這就是您稱之為由自我促成的。由此，自然就導致失敗。

沙特：唔，我並沒有完全失去這種失敗的觀念，即使它與希望的觀念相矛盾。人們不應忘記在我寫《存在與虛無》的時候，我不是在談希望。關於希望的價值的觀念，那是後來才慢慢地在我腦子裡出現的。我從未把希望想像成異想天開的幻想。我始終在考慮，即使在我沒有談起這個問題的時候，這是設想我所確定的目的可以得到實現的一種方式。

萊維：或許您不是談希望而是談絕望。

沙特：是的，我是談絕望，但是正如我常說的，絕望不是希望的對立面。絕望是我的基本目的不可能實現，因此在人的實在中存在著一種本質的失敗的信念。所以，在我寫《存在與虛無》的時候，最後我只能在絕望中找到一個關於什麼是人的狀態的明晰的觀點。

萊維：有一次您對我說：「我談絕望，但這是開玩笑。我談絕望是因為別人談絕望，因爲這是目前的一種風尚：人們正在讀齊克果。」

沙特：的確是這樣，我從不絕望；我從未認眞考慮過絕望可能作爲一種屬於我的品質。所以正是齊克果在這一點上影響了我。

萊維：很有趣，因爲您並不眞正喜歡齊克果。

沙特：是的，可是無論如何，我是受到他影響的。他的話看來對別人具有眞實性。所以，在我的哲學裡要考慮他的話。這是一種風尚：在我的自覺之中有某種東西正在消失的這種觀念，我不能由此產生絕望。但是必須考慮如果別人談起絕望，那是因爲對他們來說它一定是存在的。但是注意，人們在我的著作中再也找不到這種絕望了。那只是一個時期，我知道許多哲學家的著作中，在他們的哲學的早期，在涉及絕望和任何哲學觀念時，他們說的都是道聽塗說；他們賦予它很重要的價值，接著慢慢地他們就不再談起它，因爲他們發覺對他們來說這個內容並不存在，而是從別人那裡得來的。

萊維：關於極度的痛苦也是這樣嗎？

沙特：我從未經歷過極度的痛苦。這是從一九三○到一九四○年間一個關鍵性的哲學概念。這也是來自海德格；這些是人們不斷使用的概念，但是對我來說，它與任何事物都不相當。無疑，我理解孤寂、厭煩、痛苦，但是……

萊維：痛苦……

沙特：總之，我爲了別人才去理解痛苦，我能看到它，只要你願意。可是極度的痛苦和絕望，就非我所知了。總之，我們還是別再回到那一點上去，因爲它與我們的研究無關。

萊維：是的，可是了解到您從沒有談起過希望，而您談到絕望的時候主要也不是您的思想，這一點很重要。

沙特：我的思想就是我的思想，但是在紅色的標題下我組織的思想、絕望，卻是與我格格不入的。對我來說，至關重要的東西是失敗的觀念，失敗的觀念關係到我們可以稱之爲絕對目的的東西。簡單地說，在《存在與虛無》中我沒有說的是：每個人，在他每時每刻都懷有的理論的或實際的——例如涉及政治或教育的問題等——目的之外，在所有這一切之外，每個人都有一個目的——一個我想稱之爲超越一切的或者絕對的目的，而所有這些實際的目的只有在與那個目的相關聯的時候才具有意義。一個人的行動的意義就在於這個目的，這個目的因人而異，但又都具有這種特質：它是絕對的。因此，不僅是失敗，希望，在下面這個意義上也是爲這個絕對目的所制約的：那就是眞正的失敗關係到這個目的的能否實現。

萊維：這種失敗是不可避免的嗎？

沙特：這裡我們碰到了一個矛盾的問題，這個矛盾我現在還沒有解決，但是我認爲作爲這些談話的一個結果，我能夠給予解決。一方面，我保留這樣一種觀念，即一個人的生命顯示著它本身是一種失敗；凡是他想要完成的，他無法實現。他甚至無法構想他所願意構想的，或者去感覺他所願意感覺的。這種觀念通常引向絕對的悲觀主義。在《存在與虛無》中我無意表達這種觀念，但是在今天我不得不這樣說。然而，在另一方面，從一九四五年以來，我一直在反覆思考，人們所採取的行動，如我剛才對你說過的，它的一個基本特點是希望。而希望就意味著我不能採取一項行動而不設想我將使這項行動得到實現。我並不認爲，正如我已經說過的，這種希望是異想天開的幻想；希望存在於行動的性質本身之中。那就是說，行動同時也是希望，在原則上不能使之專注於某個絕對的失敗。這決不是說它必然要達到它的目的，但它總是出現在一個表現爲未來的目的的實現過程之中。而在希望本身之中有一種必然性。對於我，在此時此刻，失敗的觀念並沒有堅實的基礎；相反，希望就其作爲人與他的目的的關係，一種即使目的沒有達到也仍然存在的關係而言，它是我思想上最迫切的問題。

萊維：讓我們舉個例子吧：以沙特爲例。作爲一個小孩子，他就決心從事寫作，而這一決定則將他奉獻於不朽。沙特在他的著作的結尾將說些什麼呢？對於這個決定他又將說什麼呢？在眾多的選擇中作出的這個選擇，您的選擇，難道是一種失敗嗎？

沙特：從形而上學的標準來說，我常說這是一種失敗。我這樣說意思是，我沒有寫出過一部驚世駭俗的作品，像莎士比亞或者黑格爾那樣的作品，所以，聯繫到我原先所想望的，它是一種失敗。但是我的回答似乎太虛僞了。的確，我不是莎士比亞，我也不是黑格爾，但是我寫出了一些盡我所能進行反覆推敲的作品；其中有些確實是失敗之作，另一些則差強人意，還有一些是成功之作。這就足夠了。

萊維：但是關於您的決定，從整個來說，又是如何呢？

沙特：整個來說是成功的。我知道我一向說的並不始終如一，而且，在這一點上，我們經常處於爭論之中，因爲我想我的那些矛盾無關緊要，而無論如何，我還是始終朝著同樣的方向前進。

萊維：您確實是一往直前！是啊，您從不認爲失敗是不可抗拒地必然趨向那具有絕對因素的目的地。

沙特：我從不這樣認爲。而且，如果一個人竟然想變得那麼可恥，他可以認爲我從未考慮到自己，即使爲別人設想失敗。我明白他們是怎樣犯錯誤的，甚至在他們認爲已經成功的時候，那純然是一種失敗。至於我，我對自己說，考慮失敗和從事寫作是把失敗變爲成功，而我在作品中大致取得了成功。的確，我並沒有考慮得很清楚；否則我早就會發覺到巨大的矛盾了。可是我終究還是考慮過的。

萊維：那麼憑什麼去區別一個當侍者的欲望——一個滿懷著我們開頭談到的那種嚴肅認眞的精神的侍者——和沙特的把一切視爲鄙不足道、拋在一邊而嚮往不朽的欲望呢？或者在這種差異之中除了卑賤以外就別無他物了嗎？

沙特：我認爲，不管怎樣，在我寫作的時候和直到我停止寫作爲止，我爲之心折的不朽思想是一場白日夢。我認爲不朽是存在的，但不是像這樣的不朽。我願意後面自己試著解釋這一點。我認爲我希望達到不朽的態度，如我所想像的，與一個侍者或是希特勒的態度並無多大差別，只是我用來製作我的作品的方法不同而已。我的作品是正確的、道德的；我們會明白我說的這一點是什麼意思。所以，我相信，有些必然伴隨著行動出現的觀念，比如不朽的觀念，是可疑的而且是亂人心意的。想成爲不朽的願望並沒有左右我的作品。

萊維：但是我們就不能從這種差別開始談起嗎？您對我們講到您的作品是讀者與作者之間的一個慷慨的盟約，一個信賴的盟約。您始終履行一個作家的基本任務。

沙特：社會任務。

萊維：在這種社會任務裡難道沒有一種欲望，至少像您在《存在與虛無》中說的那種基本欲望的反映嗎？

沙特：有。但是我認爲需要加以解釋清楚。我認爲在第一種嚴肅認眞的精神的形式之外，還有另一種形式。那就是道德形式。而道德形式的意思是指我們停止，至少是在那個水準上，把存在視作我們的目的；我們不再希望成爲上帝；我們不再希望成爲 causa sui[1]；我們尋求別的東西了。

萊維： causa sui 的觀念，畢竟只表現一種明晰的神學傳統而已。

沙特： 是的，可以這樣理解。

萊維： 從基督教到黑格爾。

沙特： 是的，我同意，我認爲是這樣。這是我的傳統；我沒有別的：既沒有東方的傳統，也沒有猶太人的傳統。由於我的歷史眞實性，這些對我都不存在。

萊維： 您透過把自己從這個傳統中解脫出來，成爲一個上帝式的人，透過把自己從這個作爲一個人的事業的定義中解脫出來，您才使自己脫離了這個傳統。

沙特： 是的，我認爲我們現在考慮的道德並非必然引向基督教傳統；我們所應該考慮的，以及我們應該在道德中尋求的目標，不是基督教提供給我們的那些東西。

---

1 拉丁語：意謂他的目的（或理由）。——譯者

萊維：那慷慨的盟約會在一定程度上推動我們需要一個至少像那「嚴肅認眞的精神」稱之爲基本的欲望一樣的社會嗎？

沙特：我相信會這樣。是不是必須解釋清楚這裡所說的社會是什麼意思呢？那不是第五共和國[2]的民主或假民主。那是人與人相互之間的一種不同的關係問題。它也不是馬克思認爲的那種社會經濟關係。

萊維：在您同馬克思主義進行的使人精疲力竭的辯論中，您難道沒有尋求我們今天叫做社會願望的東西，從而擯棄《存在與虛無》中所表達的那種欺騙人的辯證法嗎？

沙特：毫無疑問。

萊維：您以爲您在《存在與虛無》的結尾展開了一個道德的前景，此後您並沒有寫出一本書來提供答案，但是您卻忙著跟馬克思主義辯論。人們一定以爲這

2 法國在第二次世界大戰以後自戴高樂任總統以來稱第五共和國，其特點爲總統權力顯著擴大。——譯者

兩者是密切相關的。

沙特：非常密切。

萊維：您原以爲憑著黑格爾和馬克思對歷史的意義所作的解釋，人們就能走出《存在與虛無》所引向的死胡同了。

沙特：是的，不過大致如此。當時我想必須在別的地方尋找一個答案，這就是我現在要做的事。我告訴你，探索眞正的社會道德目的，與爲左派尋求一條能在今天生存的原則的想法是並行不悖的。一個拋棄了一切的左派，現在已經敗北，聽任那些拙劣的右派政黨去贏得勝利了。

萊維：那些政黨不僅拙劣而且下賤。

沙特：在我說右派的時候，我的意思是指那些卑鄙的傢伙。這個左派，或者是死亡——在眼下瀕於死亡的是人，或者是找到一些新的原則。我希望我們的討論是一種道德的輪廓和左派指導原則的發現。

萊維：我們能達到最接近實際的一點，那就是左派的基本原則多少是與社會願望相關聯的。

沙特：絕對如此，而且與希望相關聯。你知道，我的那些作品都是一種失敗。我沒有說出一切我要說的，或者沒有運用我想說的方式說出來。這在我的生活中有時是非常痛苦的；另一些時候，我誤解了自己的謬誤，而以爲我做了我想做的事。可是此時此刻，這兩者我都不相信。我相信我或多或少做了我力所能及的，它有多大價值就是多大價值。後世會駁斥我的許多主張；我希望其中有些會繼續存在。但是不管怎樣，在歷史的許多運動中總有一種運動會慢慢地引導人認識自己。於是，本來會在過去實現的一切就會發生，就會具有一種意義。比如，我所寫的作品。那就是給予我們所做出的一切以一種不朽。換句話說，人們必須相信進步。而這或許是我最後的一句天眞的話。

萊維：讓我們回到您和革命派的辯論上去。您說您和他們有共同的目標。可是在內心深處，您還是持懷疑態度的。您那些話或多或少表示了這種意思。您以往不過是一個同路人。那不是說明您贊成一種雙重思想體系嗎？

沙特：確切地說，那並不眞實。那不是一種雙重體系的思想。那只是我發現每個政黨都是愚蠢的，因爲主意都來自高層，並且影響下層的想法，那是提出愚蠢的主意的最好辦法。因爲主意是應該在下層想出來的，是不能從上面加以評價的。自從我二十歲以來，這就是爲什麼一個政黨的觀念總使我反感的原因。人們應該認識到一個政黨並沒有眞理，並且也不指望有眞理；政黨自有其目的意圖，並向某個方向進展：一個同路人，確切的意思就是「一個試圖在這個黨的組織之外思考問題而希望黨能利用他所發現的眞理的人」。

萊維：同路人的這種做法可能導致的一個結果是：三〇年代正當蘇聯實行強制性的集體化，消滅成千上萬的農民的時刻，正當這種精神方興未艾的時刻，羅曼．羅蘭抵達蘇聯，他卻宣稱：「我在蘇聯看到了人類精神的權利獲得了顯著的擴大。」

沙特：羅曼．羅蘭不是卓越的思想家。

萊維：您於一九五四年來到蘇聯進行一次正式訪問，回國後在一家晚報上宣稱，蘇維埃社會主義共和國聯盟是享有最多的自由的國家。

沙特：我確實想到它的一些美好的事物，儘管不如你想的那麼多，但正是這樣我才防止自己否定地思考它。

萊維：同路人有一些很古怪的知識分子習氣。

沙特：我並不是說一個同路人是完美無缺的人；這不是簡單的。事實上，我現在不想爲同路人辯護，因爲不幸的是他爲黨提出的主張都沒有被接受。

萊維：一個黨——是像您所說的那樣愚蠢——和一個同路人，也就是說，一個知識分子，他作爲一個知識分子就會有一個眞理的概念，兩個加起來，就引起某種悲慘失敗的事情。

沙特：我明白，我明白。

萊維：那麼，這樣看來，您似乎在給已故的同路人致讚頌的悼詞嗎？

沙特：我不過是說，目前許多政黨都鼓起勁頭了。顯然，在今後二三十年內重要的左派政黨再不會像它們現在這樣了。也許那時有一兩個政黨已經消亡。可能會發生一些其他事情，於是也不會再有同路人了。那將是，我曾經解釋過，一連串具有明確的和特殊的目標的群眾運動。在這些群眾運動中，同路人的概念就不再有任何意義了。

萊維：您的同路人將放棄它的靈魂。我想要一張簽署的死亡證明書。死者是誰？一個陰險的惡漢，一個騙子還是一個頭腦清晰的人？

沙特：我寧願說他是個不壞的人。不一定是個騙子：在一定的情況下他可能是騙子。要是他屈從於黨的要求，他會變成一個惡漢或騙子。但是他也可能拒絕屈服，那麼他就是個不太壞的人。簡單地說，把事情搞得使人無法忍受的是黨。如果他是個同路人，那是因爲有一個政黨在。

萊維：讓我們說得明白點吧。同路人的這種形象是不是最近三十年來損害了左派意識形態的其他種種失敗中的一種呢？

沙特：在我看來，就是這樣。

萊維：對於您在這方面的活動，今天您是怎麼想的呢？

沙特：我實在夠不上是一個同路人。在一九五一到一九五二年間我是同路人；一九五四年我去了蘇維埃社會主義共和國聯盟，幾乎就在這以後，隨著匈牙利事件的發生，我就跟黨決裂了。這就是我作爲一個同路人的經歷。只經歷了四個年頭。況且，這對我來說是次要的問題，因爲那時我還做了其他事情。

萊維：難道我們沒有發現這豈不是有兩重思想體系之嫌嗎？

沙特：我始終這樣說，我與黨的想法不同。這不是兩面派。我願意說服自己，黨的那些僞觀念總還是充含了某些眞理，它們總還是具有一個堅實的基礎，它們的愚蠢的一面也許只是表面的。事實上，在我心目中曾留下很深的印象，因爲共產黨把自己叫做工人階級的黨。我認爲這是一個錯誤。一個知識分子需要有某種他爲之堅持不懈的東西。我找到了，正如很多別的人找到了一樣。

萊維：讓我們談談知識分子這種對某種東西堅持不懈的需要吧。您如何解釋這種需要最後把您，把您和許許多多其他人都引到了史達林主義的礁石上去的呢？

沙特：那不是史達林主義。史達林主義已經跟史達林一起死去了。今天，人們用史達林主義來詆毀任何東西。

萊維：那又如何解釋知識分子需要堅持不懈地，我的意思是說，在那種破爛貨裡去找到支持和根據呢？

沙特：因爲這是一個涉及爲社會尋找未來的問題。對社會來說，有必要阻止它今天這樣到處亂七八糟的狀態。我並不認爲靠我自己，靠我的思想，我就能改變世界，但是我識別出那些正在試圖前進的社會力量，我發現我是置身於他們中間的。

萊維：有一點我們不是看得更清楚嗎？開始的時候，那位完全獨立無羈的知識分子，對共產黨並不關心，寫《存在與虛無》，也無意寄託希望，從而給這種射向未來目標的超越賦予一個積極內容……

沙特：——無意寄託，但也無意尋求……

萊維：那位獨立無羈的知識分子可並不特地在共產黨的破爛貨裡尋找一種眞理[3]；不，他向任何人都不作說明，只是精心創立一種思想體系。但是您走進了

---

3 這部分提到的共產黨，指第二次世界大戰前及戰後一段時期的法國共產黨。——譯者

一條死胡同，於是透過反對派，您看到了內容；您以爲您原先的結論不準確，而爲了使未來具有內容，您需要求助於一個代表團。

沙特：是的，我需要聯合起來的人，因爲光憑一兩個單獨的實體不可能動搖社會軀幹並使之崩潰。這就需要想出一個由戰鬥的人們組織起來的團體。

萊維：好極了。您馬上設法提出團體問題，多數人聯合起來一起行動問題，作爲革命思想的關鍵問題。您可以寫一本長達八百頁的書爲實際參與活動的集體確立一套理論。

沙特：那是一本沒有完成的書！[4]

萊維：而且是一本人們曾經指望能超過八百頁的書。然而，爲了確立這樣一種實際參與活動的集體的理論，您不得不求助於歷史的最終目的描述。您從馬克

4 即指下面提到的《辯證理性批判》，第一卷出版於一九六〇年，是沙特的哲學思想發展演變的展現。但此後作者並未著手撰寫續篇。——譯者

思主義那裡借來這種描述：工人階級對完成史前史負有責任。讓我們把所有一切都加上去。人們看得出您已經從您最初把終極目的界說爲失敗轉移到認爲終極目的是由無產階級完成歷史的第二種界說了。

沙特：但始終沒有忘記失敗。

萊維：在《辯證理性批判》中，人們確實看到了失敗，因爲人們每一次期待找到博愛，他們都被恐怖嚇倒了。但事實是在《辯證理性批判》中，思想運動的原則是具有一個最終目的的原則。

沙特：原來想加上一個論述這個最終目的的第二部分，如你所知，我沒有寫。

萊維：您提出的這兩種界說都不能令人滿意。第一種界說由於您提出第二種界說您已經把它放棄了；而第二種界說，如果我能斗膽這樣說的話，因爲我們的時代把它給拋棄了。

沙特：我以爲演進透過行動將是一系列的失敗，但是從這些失敗中將出乎意料地產生一種早已包含在失敗之中而被那些想望成功的人們所忽略的積極的東西。這個積極的成果將是部分的、地區性的成功，那些一向爲這些成功而工作的人卻不容易識別這就是成功，但是隨著從失敗到另一次失敗，積極的結果將取得一定程度的進步。我就是這樣理解歷史的。

萊維：在同一個時刻面臨著思索的困難以及活著的失敗和意義，面臨著要冒種種犯錯誤的風險，人們不如放棄這種一個目的的觀念爲好……

沙特：那麼爲什麼要活著呢？

萊維：聽到您這樣說，我很高興。今天這種一個目的的觀念怎樣才能表現出來呢？

沙特：透過人。

萊維：請您解釋。

沙特：我的意思是說，要顯示人到底是什麼，這是可能的。首先，你知道，對我來說，不存在 *a priori*[5] 的本性；所以，人是什麼還沒有得到確定。我們都不是完整的人。我們都是在努力鬥爭以期達到人的關係和人的定義的存在（beings）。我們現在正處於一場鬥爭之中，而這場鬥爭無疑將持續好幾年。但是這場鬥爭需要加以解釋：我們尋求像人一樣在一起生活，並且尋求成爲人。所以，正是從尋找這種定義和這一明確無疑屬於人的行動，當然在人文主義之外，我們才能考慮我們的努力和我們的目的。換句話說，我們的目的是要達到一個眞正選定的機構，在那裡每個人（person）都將成爲人（man），其中一切集合體（collectivities）都同樣富於人性。

萊維：在一九三九年以前[6]，您曾說人文主義是胡說。幾年以後，您對自己的改變未加說明，您在一次講演中問道：存在主義是一種人文主義嗎？您說是的。接著，不多幾年以後，在殖民戰爭時候，您解釋說人文主義是殖民主義的遮

5 拉丁語：先驗的。——譯者

6 即指空前酷烈的第二次世界大戰爆發前。——譯者

羞布；今天您告訴我們：人必須成爲人，但這又與人文主義毫不相干。

沙特：我有些厭惡人用來讚美自己的人文主義。那就是《嘔吐》[7]中人們期待那個自學成才的人來強調的問題。我歷來拒絕這種類型的人文主義，我現在仍然如此。我也許太絕對了。我的設想是，等到人眞實地、完全地存在的時候，那麼他和同時代人的關係以及他獨自存在的方式，就可能是我們可以稱作人文主義的目的了，就是說，那就是人的存在方式，他和他的鄰居的關係以及他自身的存在方式。但是我們現在並不在那個時刻；我們是前期人（pre-man），就是說，是沒有達到一個他們可能永遠無法達到的目的的存在（beings），但是他們顯出自己是朝著那個目的前進的樣子。在這個時刻，人文主義會有什麼意義呢？如果有人把存在看作是完美的封閉的全體（totalities），在我們的時代就不可能有人文主義。恰恰相反，如果有人認爲這些前期人身上有某些原則是合乎人性的，我的意思是指能使這種前期人成爲人並預先防止構成前期人的存在的胚芽，然後根

7 沙特於一九三八年出版的著名中篇小說，亦譯《噁心》。——譯者

據眼下迫切的原則來思考個人對個人的種種關係，這樣我們才能把它叫做一種人文主義。那主要是同別人的關係的道德。這是一個道德的主題，等到人將來成爲人的時候，它仍將存在。這樣一個主題能產生一種對人文主義者的肯定。

萊維：馬克思也說過人最終將成爲眞正全面的人。隨著這樣的推理，人們把前期人視作原始物質從而構成完整的全面的人。

沙特：哦，是的，可是這就太荒唐了。人們在前期人身上發現的恰恰是具有人性的方面，而這些是促使人們禁止自己利用人作爲達到一個目的的東西或者工具的原則。我們正是在這一點上堅持一種道德。

萊維：在另一個時期，您不是又該把這種向道德的呼籲斥之爲形式的或資產階級的嗎？我們行動光明正大。您給我們講這些禁律，您給我們講什麼是合乎人性的。所有這些，在以前可能會使您感到好笑。這裡到底有什麼已經改變了呢？

沙特：如你所知，有很多很多事情，在此有待於討論。無論如何，在過去我可能會感到可笑，我可能會講那是資產階級的道德；我可能講的全是廢話。接受事物的現狀，根據事實，根據我們周圍的前期人，不用考慮我們的資產階級的或者無產階級的本質，直接從我們自己來說，人文主義只有透過努力才能實現，只有依靠人才能實現。而我們，正處於前一個時期，正朝著那個我們以及我們的後代應該或者將來應該成爲的人的方向前進，我們只是把人文主義視作我們身上優秀品質的經驗，視作跳出我們自身而進入人——從我們的善良的行動可以想見這樣的人——的圈子的一種努力來實現。

萊維：今天您是怎樣理解道德的呢？

沙特：我認爲不論是什麼意識，都有一個向度[8]，義務的向度，這個問題我在哲學著作中沒有研究過，也很少有別的人研究過像這樣的問題。義務這個詞並不恰切，但是要找另一個詞，你幾乎就一定要發明這樣一個詞。我的意思是說任何時候我感知到任何東西或者幹什麼事情，總有一種企圖超越實在的要求，它把我試圖實現的行動變成一種內在的強制力，這就是我的意識的向度。每一個意識

---

8 原文爲 dimension，可譯爲：向度、廣延性、維度等。——譯者

都必須做它所做的事，並不是因爲凡是它所做的都眞正是正當的，而是因爲不論它可能有什麼目的，它看起來總具有一種要求的性質，在我看來，這就是道德的開始。

萊維：有很長一段時間，您對個人是置於託管之下的觀念一直很敏感。在《家庭的白痴》中，您引證了卡夫卡的話，又加上了一句：「可是你不知道交付給誰管。」這種不知道交付給誰管的受託管的自由的觀念——這是否就是您想這樣概略地描述一種必要的自由的觀念呢？

沙特：我認爲這是一回事。在每一種古典的道德哲學中，不論是亞里斯多德的或是黑格爾的，你都碰到同樣的困難：處於意識之中的道德到底在哪裡？它是一種現象嗎？我們一貫是道德的嗎？有沒有這樣一些情況：你沒有淪爲道德敗壞，而你卻是不道德的？當你吃東西或者喝一杯酒的時候，你感到道德或不道德，或者根本沒有感覺到什麼嗎？我們也忽略了人們作爲教導孩子的那種日常道德的道德與那種特殊情況之下的道德之間的關係。我認爲每一個意識都有這種從未有人加以分析的道德的向度，而我就希望我們來分析這種道德的向度。

萊維：可是在您的早期著作中，您曾解釋說意識是道德的；自由是它所具有的價值的唯一源泉。您現在在轉變您的思想了。

沙特：因爲像大部分道德家那樣，在我早期研究中，我是在既沒有相應的也沒有其他的（我寧願要其他的而不願要相應的）意識的一種意識中尋找道德。而今天我認爲在特定的時刻發生在意識裡的一切，必然受制於，甚至萌生於其他人在那個時刻出現的甚至沒有出現的，存在的意識。換言之，對於我，一切意識都在把自身構成意識，而在此同時又構成其他人的意識和爲其他人的意識。那種實在（reality）就是我稱作道德意識的東西，那就是這個自身被視作爲別人的自身並與別的人有一種關係。

由於我們總是出現在別人面前，即使在我們上床和睡覺的時候也是如此，由於別人在這同時看來好像是一種微妙的強制力和無法實現的東西。而當一個人行動的時候，他就是在作選擇，一種自由的選擇。這種強制力就其不作決定而言，是超現實的。它看來好像是強制力，而選擇卻是自由地作出的。

萊維：是不是年老使您改變了思想？

沙特：不，每個人都把我當作一個老年人[9]。我對此感到好笑。爲什麼？因爲一個老年人從來不想感到自己是個老年人。我從別的人那裡懂得，年老對於那些從外部觀察這個現象的人意味著什麼，可是我不感覺自己年老。所以，我的老年不是一種——就其本身而言——教我懂得一件什麼事情的東西。教我懂得一些事情的是別人對我的態度。在別人看來我已經年老這個事實，是說明老了。老年是由別人所經驗到的關於我的一個現實；他們看到我，說我是老年人，他們對我和和氣氣，因爲我快要死去了，他們還對我很尊敬等等。正是別人才是我的老年。你不妨注意這一點：儘管你以掩藏自己的存在而談論我這種方式參與這次對話，我們仍然是在一起進行的。

萊維：這個「我們」是怎樣使您的思維起了變化，您又爲什麼接受這種變化呢？

沙特：起先，你知道，我需要有一個我能和他作一次對話的人，一個我想可

---

9 此時沙特已年屆七十五歲。——譯者

能是祕書那樣的人——我只能講，因爲我已經不能執筆寫字了。這一點我向你暗示過，但是我立刻明白，你不可能成爲祕書，就你來說，你必須成爲這種沉思的部分。我的意思是說我們必須一起進行這種沉思。這樣就使我的研究方式完備了，因爲到目前爲止，我始終是獨自工作，坐在一張桌子旁邊，面前放著一枝筆和一張紙。而現在我們一起形成思想。有時我們並不一致。這構成了一種我只有在我老年時期才能有的思想交流。

萊維：這是不是兩害之中害處較小的一種？

沙特：開始的時候，是的，但是後來這種合作就不可能是兩害之中害處較小的一種了。這眞可怕：我的思想被別人或一種新的東西沖淡了；那是一種正在由兩個人形成的思想。我平常伏案著述，而透過我的著述提出的觀念都是帶有普遍性的，但它們不是複性的。它們是普遍性的，就是說，每個人讀了它們就形成自己的思想，不管是對還是錯。但只要它們不是幾個人的意向融合的結果，那就不是複性的，並且帶有我的印記。一種複性思想沒有特別的進入權；它是由每個人以不同的方式進行探討的；它只有一個意義。但是這個意義卻是由每個人從不同的前提和先入爲主的偏見產生的。而它的結構則透過每個人的不同的眼力而爲人所理解。

在只有一個作者的時候，思想就帶有它自己的印記：一個人進入作者的思想，這個人就循著那位作者已經探出的那些道路行進，儘管這個思想是普遍的。這就是我們的合作所帶給我的：我們共同形成的這些複性的思想總是給予我一些新的東西——儘管從一開始我表示贊同過。我曾想不管你能說什麼來改變我的一個觀念，不管你說的是你的反對意見或者是一種對觀念的不同看法，等等，那都是必要的，因爲這樣就不再把我放在一種從一張紙的後面想像出來的公眾面前了——我以前經常這樣——而是放在那種能引出我的觀念來的反作用的面前。這時候，你在我心目中顯得非常有趣。同樣，還有一點關係很大：你十五歲的時候，就開始從我的著作中考慮哲學問題了，你記得很清楚，比我記得清楚得多。在我們的談話中，這一點很重要，因爲你把我帶回到一九四五年或一九五〇年我說的那些話，爲了使我明白我當前的思想怎樣會發生矛盾或者再次堅持那些思想的。

最後，你對我非常有用。人們不能眞正在我們的談話中感到這一點，因爲，就像經常那樣，當你不是單獨和我在一起的時候，你躲在隱蔽的角落，這樣不管發生什麼情況，人們就能看見一個老人在讓一個聰明的老弟跟他一起工作，而他是主要角色。但是在我們兩人之間發生的卻不是那種情況，那也不是我所想望的。我們是兩個人，儘管我們年齡不同，都熟悉哲學史和我的思想演變的歷史，我們一起探討道德問題，一種常常與我過去所持有的某些觀念相牴觸的道德。問題不在這裡。但是對於我們現在所進行的探討，你的眞正重要的作用，人們在我們的討論中卻感覺不到。

萊維：曲解我們的討論的是第三個讀者的出現。

沙特：這我很清楚，可是正由於爲了這第三個讀者，我們才寫作……

二

萊維：不久前，您曾說政治上的左派（在法國）已經死了。很清楚，您不過是大聲地表達了許多人無疑在心裡暗自轉念的想法而已；但是光說左派死了，那是不夠的。這個問題還需要稍稍仔細地加以研究。這裡仍舊有一個左派全體選民存在，仍舊有那些左派的政黨存在；所以，說左派已經死了，實際上意味著什麼呢？

沙特：首先，它的意思是說左派的選民總是投左派的票，也就是投左派的那些政黨，但是左派選民已經失去了希望。他們已不再相信投票能表達出一個較高的目的。投共產黨的票往常被視作為一種革命的行動。而目前，它顯然被看成不過是一種傳統的共和主義的行動。有一個叫共產黨的政黨存在，於是人們就正常地投它的票，正像人們會投任何其他政黨的票一樣。

萊維：在左派運動的時代，我們不是早已說過這樣的話了嗎？我們往往批評那些左派政黨的競選政綱。

沙特：但是左派運動也已經消失了。就是說，一方面，存在著這些左派政黨的競選政綱，它使那種正是希望出現一次強大的全面的變化的思想，一次革命的思想，成爲不可能實現的空想——而在另一方面，又有左派運動的造反的一面，但這一點也已經消失了。這樣，就再也不可能採取像人們在一九六八年舉行一次大罷工，同時上街示威遊行等等那樣的行動了，像這樣的行動在眼下不會有什麼意義了。誠然，這是能夠辦到的，人們很容易想出組織一次走到巴士底監獄的示威遊行，在遊行中人們會遭到警察的毆打，或許也把警察打倒幾個。但是這樣又算什麼呢？情況還是依然故我。而那些行動往常能給予左派以某種滿足，或者是一種假象，這是一個我們可以討論的問題。而現在，這一切都過去了。現在誰都知道，上街遊行示威影響越來越小。示威遊行終止於混亂，終止於以暴力對抗警察和警察以暴力對抗示威群眾，終止於監禁等等。那些政黨，像社會黨左派，都不過是一些政治性的運動，而且領導人如密特朗與羅卡（Rocard）之間的爭奪權力和關於社會主義的分歧的概念又使這些運動受到阻礙。

所有這些表示出左派的團結，早在二〇年代起就因為共產黨的存在而受到了強大的威脅，現在則已經是破裂了。一九一四年前，左派還不只是一種群眾運動，有些人可能領導一陣子，但他們不是公認的黨的領袖。比如，饒勒斯他更多的是黨的組織者，而不是黨的領袖。他組織罷工運動，在下議院進行活動。但他不是唯一的一個，他也不是始終受到別人的贊同，蓋德的地位在黨內和他一樣重要，至少在開始的時候是這樣。總之，那時左派既是多樣的同時又是團結的。換句話說，它是由一條原則管著的。

萊維：您這麼說是什麼意思？我一點也不懂得您的意思。一九一四年前這種團結包含了什麼？難道您這樣回顧過去其中有某種神話般的東西嗎？

沙特：那時並沒有政治上的團結，但是在整個十九世紀和二十世紀初有一種感情，認為那些站在左翼的人，他們的觀念和行動是基於一條總的政治的、富有人性的原則，他們的政治策略就來自這條原則。左派不能不是這樣。但是這條原則……事實上，在這點上使人饒有興味的是，自從一個左派形成以來——我想說從大約一七九二年到十九世紀末為止——這條原則一直繼續存在著，人們提到它，相信它，但它始終是模糊不清的，它沒有公開地或有意識地被人們清楚有力地表達出來。人們說：我傾向左派，如此而已。假若人們真的想做一點事來恢復這個不幸的已經死去的政治上的左派，他們就必須設法表達這條原則，去發現它的真實本質，和它今天怎樣才能在一個新形式中存在下去。我認為左派已經死去，因為它過去確定的那條原則從來沒有明確地寫在紙上，印在人們腦子裡。

萊維：可是並沒有任何不明確之處！馬克思主義作出的那些解說……

沙特：——馬克思主義規定了馬克思主義左派的原則。在《資本論》裡提出了這些原則，在馬克思主義著作中也提到。但這些是馬克思主義的原則，不只是左派的原則。

馬克思主義看來好像是一種理論，一種嚴格的理論，或者不妨說，一種試圖成為嚴格的，試圖運用演繹法和分析方法研究事實的理論。但是不僅這樣，它是在一種社會背景下，在一種比理論更為廣闊的心智的、感情的氣氛中發生發展的，而在某些方面，這種氣氛由於那樣的理論，即左派的精神，而受到挫折。當馬克思去和德國革命派談他的學說的時候，他和他們討論了許多問題，他們一起達成了共同協議。統轄這個協議的，儘管他們在那麼多的詞句裡從來沒有這樣說，是左派的精神——這種存在的觀念加上某種左派的集體努力。

萊維：歸根到底，這條原則必須予以命名，這一套觀念也必須定名。您具備足夠的要素——誕生日期：一七九二年；這一套當初尚未產生分歧的觀念的發展時期：十九世紀。我想答案就在您的嘴邊：您現在正談起一七九三年起義者的兄弟關係的精神，米榭勒和他關於一七八九年七月十四日[10]的描述，瓦萊斯和公社社員的普遍的兄弟關係。

沙特：我不反對你這樣說，但是兄弟關係的精神卻不容易下定義。

萊維：它起著一種指導原則或衡量標準的作用。但是始終沒有人把它這樣解說過。

沙特：確實如此，但這是因爲它沒有得到充分發展。我認爲恰恰是在這種兄弟關係的觀念中有某種東西阻礙了它的充分發展。如果你願意，我不妨說從一七九二年到公社爲止，革命派都是兄弟但同時又不是兄弟，在某種程度上，他們對別人把他們看作兄弟感到羞恥。可是他們卻又聲稱兄弟關係。正是這一點必須予以澄清。

萊維：您說得很對。從目前的分裂開始吧。實際上分裂是什麼？就一七九二年誕生的結構而言，我們至少不妨試著決定一下我們今天到底處於什麼狀況。左

---

10 法國大革命，這一天巴黎革命群眾攻陷並摧毀了古老君主制的堡壘——巴士底監獄。——譯者

派運動的死亡促使我們需要這樣做。

沙特：我知道這種分裂還有另一個原因：那就是一九一四年前在某種情況下屬於左派的那些成員都變成了政黨。政黨制度是左派的死亡。

萊維：您對政黨制度的反對是非常模稜兩可的。否定政黨而倡導一種純粹的簡單的復歸，正像您現在提議的那樣，是容易的。但是不要停留在一九一四年，要回到開始的時候：回到一七九二年。

沙特：唔，準確地說，一七九二年那時並沒有黨派。

萊維：可是那時蟲子已經在果實裡了。事實上，您現在就是在描述那種把左派運動帶向死亡的運動。左派運動需要它，左派運動必須摒棄共產黨的或者史達林主義的關於黨的概念。由於信賴從十九世紀取得的那些觀念以及左派——在整個二十世紀始終是一個很小的少數派——承受的反對力量，左派運動需要那樣的運動。當然，左派運動需要表明它同無褲黨和一七九三年的激進觀念的聯繫。不妨回憶《人民事業》和它的同謀「迪歇納神父」（Father Duchesne）的聯繫。

這就是今天正在瓦解的東西。今天已經死去的正是這種想透過與一七九三年那齣最初的戲劇的聯繫從而摒棄共產黨觀念的企圖。

沙特：是的，後果是往常認爲自己是在左派一邊的那些黨派，現在已經不再是這樣了。因爲死去的正是左派的銳利的鋒芒。

萊維：的確如此。讓我們看看在一七九三年的結構中到底什麼東西已經過時了。我們原來認爲在反對那些左派的政黨，回到激進主義去是必要的東西。像那些把最初的人民主權的革命觀念引向極端的無褲黨人。無褲黨人當時需要幹的就只是高舉著鶴嘴鋤上街，這樣一來就使原來建立的執政當局失去了合法性。統治權是重新奪回了：那是在大街上。權力是在大街上。不是在國民議會裡，不是在凡爾賽，不是在杜伊勒里宮[11]。在這個過程的發展演變中有一種謬誤的東西。然而，我們駁斥這種站著的統治權卻花了不少氣力。

---

[11] 法國王宮。一七九二年六月二十日無褲黨人手持長矛槍來到立法議會遞交反對國王路易十六的請願書，接著湧進杜伊勒里宮。——譯者

沙特：不論是什麼情況，對我來說，激進主義似乎始終是左派的一個基本觀念。如果我們拒絕激進主義，我們就在不小的程度上促成左派的死亡。然而，從另一個觀點看來，我發現激進主義只能引向死胡同。就是說，如果我們主張一個特定的行動必須是激進的，必須進行到它最終的結果，而不考慮任何行動往往與另一些行動有聯繫並且很自然會影響這一特定的行動，那麼，我們就是自欺欺人。

萊維：我們兩人都這樣說過。

沙特：我們都說過，但是我們必須承認我們是錯了。我們的行動必須實現，但是可能會有這樣一個時間來到，從外部，從另外一些行動給我們施加壓力，除非稍作修改，接受另一些人參與行動，否則就不能繼續行動的進程。另一些行動本來不是出自同一意圖，換句話說，是一些妥協。於是，我們會說，如果你願意的話，激進主義不再是像意圖要追求這個目的那樣渴切追求的目的了；正如康德的道德所說的，意圖是主要的，而必須激進的正是意圖。但這並不是暗示說這樣我們就有意地決定了要像激進派那樣去實現一個目的，這樣我們就可能不至於在我們起先設想的那些手段之外被迫採用其他手段；也不是說，因此把行動從開始時候的樣子稍稍改變一下，就能達到它的目的。

萊維：讓我們來概括一下。我們說激進主義到底是指什麼？這包含著從一個熱點開始，然後把熱傳遍整個社會表層。要是有一些溫吞水似的人，那他們就太糟了；把這些溫和主義者送上斷頭臺去！今天我們說：有一個熱區和一個冷區。這裡不可能有以什麼代價的問題，也就是說，事實上以反常爲代價，以造成把熱滲透到冷的地區去，更恰切地說，目的是使熱區和冷區發生變化。您說得對，我同意您的話：激進主義，熱區的核心，在意圖中就是把這個地區的形成加速。我們也會同意，至少在初期，這種意圖標明著兄弟關係的精神。換句話說，我們現在幹的是在放棄兄弟關係和恐懼之間的必要聯繫的那種觀念。這，當然，並不意味著就不可能存在兄弟之間的恐懼的事例。

沙特：我想是這樣的，儘管我們給這種沒有恐懼的兄弟關係作了如此解釋，一天以後我們又得回到那種兄弟之間存在恐懼的觀念。

萊維：讓我們回到意圖就是激進主義的要素這個觀念上去吧。

沙特：意圖，就其定義而言，必然是目的的感覺；這樣說意圖是激進的，實際是說意圖抓住了一個激進的目的。十分簡單，激進主義發自意圖本身；它不是這樣一個目的的屬性。這裡我的意思是：在歷史上，我們經常遇到有些個人或者團體似乎在追求同一個目的，這樣就把他們團結起來，說同樣的一些事情；但是慢慢地情況變得明顯起來，他們在追求不同的目的。原因就在於意圖不同。他們之所以不同是因爲在這些不同的團體之間看來具有共同之處的後面各有他們自己的眞理，結果明顯的是，一切團體所共同持有的是一種或多或少是模糊的概念而不是目的本身。

萊維：這一點非常重要。它意味著革命的聯合迄至目前爲止始終是誤會而已。

沙特：往往如此。

萊維：這樣，爲了試圖避免聯合的觀念，那種聯合可能不過是誤會的涵義之下的聯合，我們尋求的是能眞正是一種意圖的聯合。換句話說，做一個激進派就意味著以一種激進的方式把原先各不相同的意圖集中起來，使之達到一致。

沙特：從可能的程度來說，那是對的。

萊維：過去我們說有革命作為我們的目的，我們是犯了極大的倒退的錯誤，況且既然人們不能做一份煎蛋捲而不打碎幾只雞蛋，那麼為了達到這個目的，我們勢必要玷汙雙手。在這種推理中有缺點。否定塵土、糞便、血汙是不成問題的。不，缺點是在目的之中，是在果實裡的蟲子。當出現這種目的混亂時，從這時候起，在目的和方法、目的和手段的問題中必然存在更深的混亂，這種混亂實際上帶有消極的，甚至罪惡的後果。但是如果今天我們傾向這樣說，目的，也就是激進地假定的意圖，透過歷史前進……

沙特：意圖是超越歷史的。

萊維：是的。

沙特：而且在這個意義上，它不屬於歷史。它在歷史中出現，卻不屬於歷史。

萊維：這裡有一個採取行動的手段，技巧的問題，但是由此，這個問題必須在它與一個超歷史的目的的從屬關係中加以考慮。目的不是去取得政權，像列寧所想的那樣。重要的問題是這個目的的性質。我們應該怎樣恰切地設想這個目的呢？

沙特：是的，首先我們必須澄清我們可能談到的超歷史的手段和目的究竟是什麼，既然接管權力是歷史範疇之內的一個目的：在特定的社會，特定的時間，在歷史的發展中，奪取權力，這意味著有一批非常特殊的人物，他們的名字或者是路易十六或者是羅伯斯庇爾，這決定於時機，他們應運而起。叛亂者或革命者一向追求的最終目的是什麼，他們無法命名或者沒有看清楚卻想實現的最終目的是什麼。這正是我們必須設法加以解釋的問題。

萊維：的確如此。因此，在兄弟關係這個詞（它表示了「左派」這個稱號所標明的這種觀念和感情上的混亂複合體的特點）中有一個必須予以分離出來的因素，那就是兄弟關係的意圖，引證一種眞正的兄弟關係的歷史經驗。在這方面，我們能辨認出我們同一七九二年的起義者的聯繫。但是要在一個激進的參照構架內設想這種意圖，承認主權、群眾抗議和直接民主——不，那已經完啦。從現在起，我們必須考慮一七九三年起義者的解決辦法，以及此後左派的解決辦法，是一種虛假的解決辦法。從今以後，我們必須面對這個在虛假回答的核心中的問題，民主的問題。

沙特：那就是說研究民主，不管是直接民主還是間接民主。把它當作一個整體來研究，弄清兄弟關係精神和民主之間可能存在什麼關係，民主賴以建立的基礎以及始終存在於民主之中的基本原則是什麼等等。因爲對我來說，我想你也會同意，民主，在我看來不僅是一種權力的政治形式或者授予權力的政治形式，而且是一種生活，一種生活方式。我們民主地生活著，而且，在我看來，必須是這種生活方式而不是別的生活方式，此時此刻對我們來說，才是人們生活的方式。我們必須看出人們是否確實生活在民主政治之中，是否確實民主地生活著，我們必須看出民主到底意味著什麼。我認爲，一開始，民主這個詞就必須從它本身內涵來研究，然後首先檢驗它的政治形式，因爲這是進行研究的最簡單的方法……

萊維：不僅是最簡單的方法，也是唯一的方法。

沙特：民主這個詞本身含有一個意義如今已經廢棄不用了。從語源學上來說，就是人民管理（the government of the people）的意思。現在很明顯，在現代那些民主國家裡沒有人民在掌管政府，因爲這樣的人民並不存在。在古代政體和一七九三年期間有過這樣一種人民，現在不再有人民了，稱呼人民是不可能的，因爲人們的生活方式完全被勞動的分工個性化了，除了職業的關係以外，同別的人再沒有什麼關係了。他們每隔五、六年履行一種特別的行動：領到一張上面印著名單的紙，然後把這張紙投到一隻選票箱裡去。我不認爲這樣就表示人民有了權力。

在十八世紀和大革命時期，那時沒有今天看到的這種生活的分裂現象。眼下，一個投票的人就不同於一個生活在恐怖時代[12]或者在那以前的人那樣投票的方式。這就是說，在今天，投票選舉是一種斷裂的活動，既與他的職業不相聯繫，也與他一般個人關注的東西無關。一七九三年就根本不是這樣看待投票的。投票不是生活裡很多行動中一種特別的行動。它其實是一個人因此變成介入政治的行動，因此一個人在某種意義上存在著的行動。此後投票變了樣子，由於這個

12 資產階級歷史學家用以指法國大革命中一七九三至一七九四年的時期。——譯者

原因，從法國大革命來看，我們現在不是向前進展，而是失去了勢頭。

萊維：誠然。可是可以這樣說，今天，透過普選權這個早已變得古老的做法，我們已經走過了從熱區到冷區的路程。眞的，投票是從熱氣騰騰的時候開始，現在投票已經冷了。可是至少投票容許這種在熱的和冷的之間連接的方式，如果可以這樣說的話。既然這是我們在大聲叫喊「選舉，是給傻瓜設下的圈套」的時候否認的東西，這中間難道沒有過錯嗎？當然，過去有過那些時刻，現在還有那樣的時刻——例如，就在葡萄牙的紅色革命以後，那裡第一次投票選舉是熱氣騰騰的選舉。他們沒有投票已經將近四十年了。現在我們知道投票在從熱烈走向冷淡。但是恰切地說，我們有一個必須解決的問題——從熱烈走向冷淡的問題。我同意投票不是最終的解決辦法，因爲它逐漸會從熱烈變爲冷淡，喪失它原先的熱氣。這一點我們已經同意。但是我們必須摒棄那種虛假的解決辦法，包括叫喊：「熱呀，熱呀，熱呀……打倒溫吞水！」普選權至少有一個優點，它能標明一個數字的實體，一個完整的系列：它不取消「每個人」的觀念，沒有了這種觀念，所謂「兄弟關係」就毫無意義。

沙特：讓我們互相了解吧。這裡總有一些類型的人沒有請求他們投票。

萊維：當然；但是在那種情況下，正確地說，有一個嚴格的激進主義的，一個嚴格的激進化的例子：在整個十九世紀和部分二十世紀進行的一切革命鬥爭都是把普選權激進化，以充分擴大普選權的範圍。爲了給予「每個人」這個概念以一種更爲有效的意義。

沙特：你說得很對。一個人可能就會感到奇怪，「每個人」到底是什麼意思。例如，投票選舉權利的眞正涵義是什麼？換句話說，那些把選票投進選票箱的不同的人，他們之間是什麼關係？既然投票的結果是一部憲法、一項法令，總之，作爲「每個人」的一種方式，像你所說的那樣。那麼，投票所必需的是人們在他們自己中間的一次會合，而且這必須是在投票之前。事實是每個人，每個投票人都生活在一個社會環境，一個團體之中，同一些人生活在一起，他們致使他至少部分地服從於某種智力條件，從而迫使他把那些他將要在投票中表達出來的重大的普遍理論內在化。因此，在投票選舉之前，在人們互相之間原先就有一種關係，沒有這種關係投票選舉是不可能的。那些去投票的人是屬於同一個地區，同一個家庭，長期以來持有共同觀點的人；總之，投票不過是這一切的表達。

萊維：您是不是在重複馬克思曾告訴我們的話，那就是，投票是具有政治意識的人的一種表現，這個表現導源於一個更爲基本的表現，即具體的社會生產關係的表現呢？

沙特：在某種意義上是這樣，只不過我並不認爲主要的關係就是生產關係。就投票選舉而言，我想那（即生產關係）確實是主要的（關係）：在城市裡建有許多工人區，這些地區包括那些從事同一職業並且在一起投票的人。但這不是最重要的東西。人與人之間最深厚的關係是在生產關係之外把人們聯結起來的東西。這是在他們作爲一個生產者以外使他們相互變成某種關係的東西。他們都是人。這就是必須加以研究的問題。有人性和有能力——與自己一樣也有人性的鄰人們共同制定法律、公共機構並透過投票使自己成爲一個公民，這一切意味著什麼？馬克思關於不同上層建築的區別是一次絕妙的研究，但它完全是謬誤的，因爲人對人的原始關係，是別的什麼東西，而這正是我們現在要去發現的東西。

萊維：在《辯證理性批判》裡您聲稱您已經發現了。

沙特：當時我正在尋找，但同時還在尋找其他東西。再說，我沒有寫第二卷。你知道，我後來把《辯證理性批判》擱下了，因爲看來這項研究在我腦子裡還沒有成熟，我無法完成它。這是眞正的理由。而重要的恰恰是這一點，如果我像我過去在《辯證理性批判》裡那樣考慮社會，現在我就會發現兄弟關係這種精神在書中沒有受到密切的關注。如果從另一方面，我把社會看作是由一種比政治更爲基本的個人與個人之間的聯結造成的，那麼，我認爲人民應該有、或者能夠有、或者確實有某種原始的關係，那就是兄弟關係。

萊維：兄弟關係何以是原始的？難道我們都是一個父親的子女嗎？

沙特：不，但是就任何其他關係而言，家庭關係是原始的。

萊維：我們大家都屬於一個家庭嗎？

沙特：在某種程度上來說，是屬於一個家庭。

萊維：您這種原始的親屬關係的概念是什麼？

沙特：事實上，對於我們每個人來說，在降生人間這樣一個程度上是同一現象；其次，在某方面來說，兩個交談的人就有同一個母親。顯然不是我們根據經驗說的那同一個母親。她沒有眼睛，也沒有面孔；它是某種觀念，但卻是我們倆互相共有而且和任何其他人共有的一種觀念。屬於同一族類就是在某種意義下擁有同一的父母。在這方面我們都是兄弟。況且，正是這樣人們並不以生物學的特徵而以存在於個人之間的某種關係，就是兄弟關係，也就是一母所生的關係來解釋人類。這就是我要說的意思。

萊維：在柏拉圖的《理想國》裡，蘇格拉底剛解釋了一個正義的社會所具備的一切條件（每個階級各得其所，這一部分實際上說得盡善盡美），又補充說：「啊！胡說！……我還有一點要說，儘管我實在並不想說，但是我不得不說：還需要其他東西，必須使所有這些人相信他們都是兄弟，必須使他們相信他們都是同一個母親所生的兒子，這個母親，讓我們把她叫做土地。讓我們這樣說，這樣人們就會相信他們都出自土地，因此他們都是兄弟；毫無疑問，每個人都是用一種不同的合金鑄成的，這說明爲什麼一個人成爲勇士，另一個人成爲農夫，另一個人又成爲長官；但他們實際上都是兄弟。」所以，這位母親，您所指的母親，由於一句虔誠的或者冷嘲的謊言，就甘冒風險變成希臘人所賦予的那種涵義之下的母親，或者現代意義下的國家。

沙特：我從未把蘇格拉底的話理解爲實際是一種虔誠的謊言。他的意思是說，實際上人都是兄弟。但是他沒有能把這個意思正確地說出來，沒有正確地闡明這句話所呼籲的眞理屬於什麼性質。所以，他把這句話變成了荒誕的神話。

萊維：是啊。所以蘇格拉底的本意是善良的。然而，在最後一分鐘他碰到了困難，幾乎危及整座大廈而使之傾覆。當我們涉及的是關於集合在一起的主要特質，也就是兄弟關係的概念的時候，怎樣才能避免墮入神話呢？

沙特：這裡不存在荒誕的神話問題。兄弟關係的觀念是人類成員中間的關係。多少千年以前，第一次社會分裂是以圖騰爲特徵的氏族。圖騰是某種包容整個氏族的東西，它給予氏族全體成員的互相關係以一種深刻的現實，例如，阻止他們在氏族內部通婚。而這種關係就是一種兄弟關係。我的意思是說，廣義的氏族觀念，氏族的持久的團結，是隨著氏族成員認爲他們的祖先是某種動物的信念而俱來的，這就是今天必須加以恢復的東西，因爲這是一種眞正的兄弟關係；也許在某種意義上是一種神話，但它也是一個眞理。

萊維：您豈不是在抄襲蘇格拉底的思想模式嗎？就是在困難面前退縮到神話上去了。

沙特：不，我認爲並非如此，因爲我前面所說的意思是，神話是由群體的成員創造的，只是爲了確認他們之間的一種關係，那就是群體關係。換言之，他們在創造，但他們並不意識到自己是在創造，一種滋生繁殖了他們全體的動物，使他們由此都成了兄弟。何以如此？因爲起先他們感到他們都是兄弟。所以，在這以後就有這樣一種創造，使這種兄弟關係具有一定的意義，但是給予群體以一種兄弟關係之感的卻不是這種創造。恰恰相反。

萊維：但是我們的問題卻不是退回到神話從而宣告這種兄弟關係的原始思想。我們怎樣才能既做到這點而又不落入蘇格拉底曾經落入的陷阱呢？

沙特：我們並沒有落入陷阱：在氏族裡我們都是兄弟，與我們都是同一個女人所生是一樣，這個所謂同一個女人是以圖騰代表的。他們從這個女人的子宮裡誕生出來，從這個意義說他們都是兄弟。在這一點上，到底是哪一個個別的女人，不是問題所在。她只是一個女人，有生育的子宮，有哺育的乳房，或者還有負載孩子的背部。這個母親可能就是一隻作爲圖騰的鳥。

萊維：可是您似乎堅持要參照生物起源，否則人們本來可能要說任何其他的字眼，比如說「平等」的地方，就會說「兄弟關係」了。然而，事實上您似乎非常熱中於「兄弟關係」的觀念，不再像以前那樣熱中於平等的觀念了。因此，人們必定會發現一種思想形式，它堅持生物學的論據，卻把論據運用在一個非生物學的領域，而這種思想形式又不是神話性質的。

沙特：你說得對。因此，這種可以稱爲「兄弟關係」的一個人與另一個人之間的關係究竟是什麼？它不是平等的關係。它是這樣一種關係，其中驅使一個行動的許多動機都是屬於一種感情的序列的，而行動本身則是屬於一種實際的序列。這就是說，在一個社會裡人們都是兄弟，人同他的鄰居的關係，首先是一種感情的、實際的關係：它必然要恢復這種天賦。因爲就本源來說，這種感受性是人人共有的。

當我看見一個人，我想，他和我自己同一淵源，他像我一樣出自人類之母，如蘇格拉底所說，大地之母，或者母親……

萊維：唔，這個母親、人類、大地又是什麼呢？我們還是陷在神話裡。有沒有一條出路可以突破這個神話的參照系呢？

沙特：我認爲，不是無稽的神話而是眞實的東西，是你對我和我對你的關係。人對他的鄰居的關係稱爲兄弟關係，因爲他們感到他們自己有著一個共同的始源，而在未來又有一個共同的目標或目的。起源和目的都是共同的，這就是構成他們的兄弟關係的東西。

萊維：我們是在探討一個眞實的經驗，一個可以想見的經驗嗎？

沙特：依我所見，當一切人，人類，他們心中的目標一旦得到實現，那種完全眞實的可以想見的經驗就會存在。到那時候，就可以說出生人世的人都會有一個共同的始源，不是憑母親或父親的繁殖的器官，而是由於數千年來採取的最後演變爲人類的一系列步驟。這就將是眞正的兄弟關係。

萊維：我懂了。可是今天我們怎樣預先想像這個字眼呢？

沙特：一個毋庸置疑的事實是世界存在著一種道德。

萊維：在當代的情況下，怎樣描述這種兄弟關係的精神而又不後退到神話上去呢？

沙特：因爲這終究是未來的事情。因此，沒有必要求助於神話。神話總是屬於過去的。就人們相互關係而言，兄弟關係是人們將來的勢所必然，那時越過我們的全部歷史，他們就能宣告他們在感情上和在行動上都聯合在一起了。道德是必不可少的，它眞正意味著人或者前期人將擁有一個建立在集體行動基礎之上的未來，而在此同時，在他們的周圍將出現一個建立在物質基礎之上的未來，這最終意味著匱乏。這意味著凡是我有的就是你的，凡是你有的就是我的；同時也意味著如果我陷於窮困，你給與我，如果你陷於窮困，我給與你。這是未來的道德。而人們確實有一些具體的需求，外部條件又不容許他們實現這些需求，總是供不應求，食物總是少於需求，甚至創造食物的人也總是少於所需的人數。總之，我們被匱乏所包圍，這是生活的一個眞實的事實。我們總是缺乏某些東西。

有兩種態度，它們都是合乎人性的，雖然兩者似乎不可相提並論，但是又必須同時並存。一種是要使人類得以實現，得以產生的努力：這是道德問題。接著是一個反對匱乏的鬥爭。

萊維：由此產生暴力，根據您在《辯證理性批判》中所說的。我想提醒您一點，您在《世界不幸的人們》的序言中這樣寫道：「暴力的兒子，你談到一個殖民地的人，他每時每刻從暴力汲取他的人性。」您並沒有寫「母親的兒子」。不，是「暴力的兒子」。這是逐漸形成的，生產性的暴力，像恩格斯說的那種暴力一樣。

沙特：那不是同一回事。

萊維：我看不出爲什麼不是同一回事。可是這裡我要提一個問題：是否人性本身就能從暴力中產生？請明白我的問題不是問：暴力是不是存在？我也不是問：在一定情況下，暴力是否證明是正當的？不，我的問題要更侷限一些：暴力能具有這樣一種補償的作用嗎？它能有您賦予它的那種制定法律、制度的作用嗎？

沙特：如果我們以阿爾及利亞爲例，我在《世界不幸的人們》中探討過，首先我的觀察結果是，除了用暴力解決以外，沒有其他解決辦法。殖民主義者從沒有想像出一個能爲阿爾及利亞人接受的解決辦法。有兩種絕對相反的觀點，那只能引向暴力。你知道，這種暴力導致殖民主義者被驅逐，他們回到了法國。

萊維：那可不是我提的問題！

沙特：別急！當然，暴力不會就像這樣加速人性的完成。暴力只是打破某種阻礙人成爲一個人的奴役狀態。一旦暴力消除了被殖民狀態，也就是說奴役狀態，留下來的就是不再受到某些強制的前期人，他們會找到屬於另一類的其他人，就像在阿爾及利亞，但是不管怎樣，他們會試著去接近一個能動的公民的地位，這種能動的公民本身距離眞正的人就同他距離被殖民的前期人一樣遙遠。

萊維：您說過：他們的兄弟之愛是他們對我們懷有的厭惡的另一面。兄弟們，在那種兄弟之愛中他們每個人都殺過人。您現在不再持這種看法了嗎？

沙特：我不再持這種看法。

萊維：問題是兄弟關係的經驗是否能透過那種涉及殺死敵人的工作而產生。

沙特：不。說實話，我還不能看清暴力與兄弟關係這兩者的關係。

萊維：那麼，他們作爲暴力之子，都是兄弟嗎？要不然，可能首先發現了兄弟關係，接著在任何其他手段都無法逾越的障礙面前，他們沒有別的選擇只能訴諸暴力。於是使用了某種有限暴力的形式，沒有任何道德的最終目的，難道這種暴力形式本身是從兄弟關係的經驗中發生的嗎？

沙特：這裡需要的是一種把兄弟關係的觀念擴大到使它變成一切人之間的一種獨一無二的、無與倫比的、明顯的關係的道德。這種關係首先是群體關係，恰切地說，是一些以這種或那種方式依附於一種家庭觀念的小群體之間的關係。在遙遠的往昔，那種關係就是今天我們所說的兄弟關係。這種關係被群體所封閉，而把兄弟關係約束在群體內部，並產生暴力（這恰恰是兄弟關係的反面）的，正是別的群體或另外那些群體想突破這個群體、闖入這個邊疆的傾向。這就是今天我想說的。

三

萊維：您怎樣說明在您的著作中出現的這樣一種轉向暴力道德的意義深遠的傾向呢？比方說，您怎樣說明您在《世界不幸的人們》的序言中流露的激情呢？

沙特：在那個特定情況下，激情來自阿爾及利亞戰爭和印度支那戰爭，這兩次戰爭都使我深深震驚，因爲如你所知，在十九歲的時候我對政治的唯一反應是對殖民主義懷有的厭惡。我所能了解的擺脫殖民主義的唯一途徑是暴力。這種人們所稱之爲暴力的，是殖民地人民反抗殖民主義者的暴力。

萊維：可是您又加上，「透澈」、「民族團結」、一切重要的事物，畢竟都是槍口威脅之下造成的！當我們在《人民事業》的一篇社論裡發揚暴力的道德時，這種立場是可以理解的：我們那時是在就軍事上的愚蠢行爲問題提出疑問。但是當時是什麼激發您這樣做的呢？

沙特：那是在我見到法農的時候，他非常激烈：這確實說明了我們當時發表那些思想的語氣。還有一點是，我們那時陷於一種困難的處境，不管怎樣，我們正同阿爾及利亞人一起反對法國，但是儘管我們站在他們一邊，他們卻並不怎麼喜歡我們。這樣就使我們落入一種特殊的處境，正文裡表達了這種處境：最大的一次暴力行動的「不適」的處境，還有那種「非此即彼」的態度，因爲那是所能採取的最簡便的一種態度。對於我，法國不是無足輕重的事物。就我來說，反對自己的國家並不是愉快的事。

萊維：您有一次曾經告訴我，關於這一段原文，實際上是首先寫出草稿，此後從文體原則的基礎上系統地加以修改，使原文更加激烈。然後您又跑去見普魯（Poulou），當時他正在客廳裡手裡握著劍在作戰，而他的母親正彈著鋼琴。

沙特：你記得，特別是自從年輕的普魯爲了保衛自己和打擊邪惡的敵手而展開了鬥爭以後。

萊維：於是那位新帕爾代朗（Pardaillan）就寫了《世界不幸的人們》那篇序言。

沙特：是的，確實有那樣的意思。

萊維：請注意，在您寫的那些關於抵抗運動的著作裡，您並沒有讚揚暴力……

沙特：在抵抗運動中作戰和炸毀火車的人們，跟寫文章的人們，都是同樣的人。至於阿爾及利亞人，那是兩個不同團體的人。這就是不同之處。不論我是否炸毀了鐵路，我們大家依然都是在同一條船上。

萊維：在占領時期，敵人是殘忍的、獸性的。在那個特定時刻，您爲什麼不精心闡發一種更生的暴力道德呢？

沙特：當時我們自己就是那些直接或間接地實行暴力的人；我告訴過你，在那個時候，在那樣一個法國，儘管在大戰以前曾經教育大家對暴力懷著一種深深的厭惡，但是我們同那些愛說「暴力是高尚的，我們這樣做是正當的」人們站在一起。考慮謀殺、爆破等等是必要的，好像是我們不得不幹的事情，幾乎是一種必要的惡行。

萊維：但是爲什麼您又從那樣一種必要的惡行轉變到……

沙特：如果在我看來阿爾及利亞人不像他們實際上那樣強暴，我也許就會同其他法國人和解：我就會回到法國的信徒行列中去。但是我看到阿爾及利亞人受到法國的虐待和折磨，他們起來反抗法國，因爲法國人是非正義的，我發現這是必要的。而我既然是法國人，像大家一樣也是非正義的，因爲這裡有一個集體的責任；但是與此同時，我贊成，而正是在這方面我與大部分其他法國人不同，我支持這些受折磨的人對法國的鬥爭。

萊維：言語的暴力，爲什麼要這種民族的自我鞭撻？

沙特：在一定程度上，是這樣；當然，在一定程度上。

萊維：今天我們的問題是簡單的：如果革命的概念變得等同於恐怖主義的概念，那就完啦。爲了重新確定革命概念的涵義，有必要一勞永逸地拒絕一種兄弟關係的恐怖主義的概念。當然，人們可以決意放棄任何革命的概念。人們可以把革命理解爲一種昂貴的異想天開的幻想。對這種幻想，有兩條反對的理由：第一條理由，也是眞實的理由，有暴動；第二條反對的理由，涉及暴動的合法性。這種合法性來自我們所稱謂的社會要求（le désir de société）。反對一種幻想，一種絕非異想天開的幻想，而是一種認爲在目前社會狀態中已經實現了人類統一，一次暴動就顯示出眞正深刻的問題，統一的問題；人類事業的統一有待於創造。如果康德把一個合乎道德的社團觀念復歸於一個人的全體（human totality）的理想是正確的話，那麼一次暴動是向一種合乎道德的秩序的呼籲：使已經淡忘的呼聲再次得到人們的傾聽。

沙特：請把你的想法說得更清楚一些。

萊維：我不知道有沒有必要從區別幾種因素或者區別幾個不同的時期來思考暴動的成果。兄弟關係最初出現於漫長的成熟過程的終點，這種經歷包括一種與人類一樣長存不滅的關係的誕生。當然，人們可以想起我們大家從七月十四日所學到的東西。但是在時間上離我們更近的傅科[13]說，他在德黑蘭的大街上看得到普遍的意願。當前採用某些暴力形式與凱撒式的行動相似：這是一個搬掉阻擋這種關係誕生的障礙的問題。至於說兄弟關係主要求助於暴力才得以維持，在某

---

13 傅科（Foucault），法國當代歷史學家。——譯者

種情況下，是指爲了使嬰兒得以降生，除了要有一個男人和一個女人的結合和胎兒的成熟以外，還必須要運用鑷子的手術。當然，在革命工作期間的確會出現轉移。這一點人們在一九六八年看得很清楚，出路不再是構成這次事件的意義的誕生，而是在喬治．巴塔耶[14]所賦予的社會的和性愛的兩重意義之下的對峙、決裂。那是神聖的時刻，也是兄弟關係處於恐怖之中的時刻。

沙特：你忘記了另一方——敵人——一直在行動。挑起人們在這兩種時刻中任何一種時刻出現的態度的正是這一點。

萊維：用「挑起」這個詞要小心。在第一階段，對示威者來說，警察或者士兵，是哪一個沒有多大差別，實際就像其他人一樣是個兄弟。當然，就他跟那種需要加以清除的障礙相同的程度而言，他是個迷途的兄弟，人們可以不把他看作兄弟；但是無論如何，在這種事情中必不可少的是創造這種兄弟關係；這種創造給予起義暴動以巨大的力量，一種幾乎奇蹟般的力量的形成。在那個時刻，人們

---

14 巴塔耶（George Bataille, 1897-1962），法國現代作家。——譯者

看到仇恨幾乎完全無影無蹤了，甚至，我再說一遍，對士兵也是這樣。另一方面，到第二階段，神聖的時刻，由於正是在那時分裂成爲勢不可免，在示威者和向他開槍的警察之間，就明顯地有一種聯繫。在某種程度上，示威者需要他的敵人，正像兩片嘴唇要分裂就互相少不了一樣。的確，這樣，把必要的團結授與示威群眾，讓他們成爲像一個軀體的各個部分那樣團結的，正是鎮壓的暴力。他們再也不知道他們是否兄弟，或者他們只是在向士兵進攻時才是兄弟。把團結給予他們的是敵人呢，還是示威者們一致同意的一種單方面的明確的統一呢？從那個時刻起，這兩者合爲一體了。

於是，那種認爲對峙造成暴動起義的團結，認爲起義者們因反對另一方組織嚴密的敵人而變成了兄弟的觀念，顯然會造成我們不久前所批評的激進化，一種企圖挑動敵人以增強起義者們團結的革命馬基維利主義[15]。但是這種關於團結的獨特觀念是否已經標誌了兄弟經驗的衰退呢？這中間有互相損害的宗派，惰性，對於解決長期潛在問題的軟弱無力；在這方面，人們使用了理想的武器：憎恨另

15 義大利政治家、歷史家馬基維利的一種爲達到目的而不擇手段的主張。——譯者

一方——一七八九年的貴族階級或在伊朗的美國人。實際上，對於統一的明確接受已經停止，而求助於透過攻擊以前的力量而產生的這種消極的團結形式，則是掩蓋這種衰退的一個方法。這是革命政治的反常運用。

沙特：那是第三階段。

萊維：對。在這方面，列寧主義是一個很好的例子。它談到正面的經驗；那是問題的一面。但它完全是作爲消極團結的一個成果而發揮作用的。對於列寧來說，那是建立起一個鋼鐵般的團結來回答權力的團結的問題。這樣一種確定的統一，在產生的時刻就開始喪失銳氣。列寧主義是非常靈驗的。

在一九六八年我們難道沒有看到一點別的現象嗎？難道我們沒有看到這樣的事實，那就是處在這樣一個缺乏權力的時刻，沒有必要考慮人的集合嗎？

那意味著什麼呢？我們應該拒絕權力嗎？當然不。難道我們應該把權力看作是一種絕對的壞東西，因此人們都應該棄之如敝屣？絕對不應該如此。不，說權力，就其政治意義而言，眞空已經產生，說這種權力還沒有建立，這不過是本質的理解。這是暴動起義的第一階段了不起的啟示。正是這一點使革命者說：「一切都是可能做到的。」而在某種意義上，一切都是可能做到的，是眞實的。怎樣才可能做到使這種認識不致屈從於政治歇斯底里？也許這是必須回答的問題，而不能透過把它變成一種絕對的東西來回答。起義暴動在人類團結的漫長事業中不過是短暫的一瞬，不過是兄弟經驗的小小的一面。我們與母親的關係中小小的一面，您會這樣說。

沙特：我大體上同意你把暴力的出現分爲三個階段。不過我想對前兩個階段，甚至第三階段再作一些較爲完整的描述。但是我們準備在那本專門研討道德思想的書中這樣做。目前我只能無保留地表示贊同，因爲到那時我會說明我的保留意見。

萊維：也許沒有就猶太人對革命群眾所懷有的某種不信任感的意義給予足夠的注意。也許我們一直不太想知道這種不信任隱藏著多少眞理。猶太人，尤其是如果他生活在基督教的社會裡，能在革命群眾的表面之下看到暴徒們對猶太人進行集體迫害的細微跡象嗎？在某種程度上，他還沒有經歷過我們現在正試圖加以批評的那種悖於常情的行爲嗎？

沙特：不要忘記一九一七年共產黨內有相當多的猶太人。在某種意義上，人們可以說正是他們領導了革命。所以，你剛才說的話裡似乎有不正確的東西。

萊維：當然，我說的是仍舊保持猶太人的猶太人。當一群人認爲自己是一個神祕的團體的時候，這個猶太人知道他受到威脅了。多虧他的經驗，他是不會把普通老百姓當作一個完美的反抗榜樣的。相反，他會在革命之際來自兄弟之愛的眞理和來自宗教社團及其恐怖主義者的威脅之間進行辨別。難道這還不能使我們得出結論：在對革命進行重新考慮中猶太人的經驗是必不可少的，而且必須充分考慮這個經驗。在我們討論的問題中，猶太人有雙重關係。首先，他必須承認救世主的觀念，不管它那一切悖於常情之處，是建立在革命觀念的基礎之上的。另一方面，就他受到這種悖於常情的觀念的損害而言，他是處於前列的。由此產生這樣一個任務：正確理解這種觀念，恢復它本來的意義。

沙特：這是完全可能的。

萊維：從這一觀點看，目前思想狀況很危險。一切都在發生，似乎救世主主義，或多或少，都成了我們一切邪惡的根源。當「新右派」把救世主主義當作它的攻擊靶子的時候，它是在幹它正當的工作。最嚴重的問題是，從左翼攻擊一切救世主主義也是「正確」的。但是，有人對救世主主義，猶太人的救世主主義到底是什麼表示過懷疑嗎？不，每個人幹得就好像他們都知道似的。什麼時候我們才會承認我們其實一無所知，認識到對我們來說懂得它是什麼是一個至關重要的問題呢？難道我們能忘記反猶的汙言穢語的根源正是愚昧無知嗎？

沙特：在我寫《反猶太主義者和猶太人》的時候，救世主主義對我來說是一種毫無意義的觀念。如果今天它對我具有豐富的意義的話，那部分地是因為我們的這次談話使我明白了這種觀念對你所具有的意義。

萊維：在您寫那篇論文的時候，您以為猶太人是反猶太主義的一個虛構——如果把問題提得具有挑釁性的話。不管怎樣，反正您認為根本沒有什麼猶太思想，根本沒有猶太歷史。從那以後您的看法改變了沒有？

沙特：不。我保持這篇論文作為對一個猶太人的膚淺的描述，以這樣一個生活在基督教社會裡的猶太人為例，在每一條大街的拐角，反猶太主義的思想都把他逮住，這種思想吞噬著他，想把他化成公式，在他最深邃的存在中捕獲他。猶太人當然是反猶太主義的受害者。我侷限於就這個猶太人的生存談反猶太主義的思想，儘管我認識一些猶太人。此刻，我認爲在反猶太主義對猶太人的蹂躪之外，還有一個猶太人的實在（Jewish reality），有一個深厚的猶太人的實在，就像有一個深厚的基督教徒的實在一樣。兩者當然迥異，但是涉及某些團體又是屬於同一類的。猶太人認爲他自己有一種命運。我要解釋一下我是怎樣得出這個觀念的。

萊維：我正想問這個問題。

沙特：這是我在解放[16]以後結識了一些猶太人才得出的。以前我當然認識過幾個，但是同他們中間任何人都沒有深厚的關係。解放以後我認識了克洛德．朗茲曼，他成了我的一位極好的朋友。在那以後，我的養女阿萊特（Arlette Elkaïm），她是一個猶太人，我知道她是怎樣想的，接著我遇見了你。我們一起工作過，我們也曾在日常生活中一起度過一些更爲輕鬆的時刻。所以，現在我

---

16 指第二次世界大戰後法國從法西斯德國占領下獲得解放。——譯者

對猶太人念念不忘的問題有了更深切的看法。基本上這就是我改變了的觀點。直到我寫《猶太人問題》的時候，我主要是敵視反猶太主義。《猶太人問題》不過是一份向反猶太主義的宣戰書。

萊維：當我在十七歲讀《反猶太主義者與猶太人》的時候，這本書是我用來要求向反猶太主義開戰的一條最好的正當理由。但是在那同時，您曾向我保證說如果這場戰鬥取得勝利，我就會發現我夢想發現的東西：那就是，我是一個人，而不是一個猶太人。您那本書還把一種自我否定的形式合法化了。您注意，我當時可不那麼想。

沙特：那是完全可能的。你那樣看這個問題，而我卻認爲別人一直是同我一樣看這個問題的。那就是，根本沒有猶太人的實在。要注意這種實在像基督教的實在一樣基本上是形而上學的，當時在我的哲學裡不占據什麼地位。那時只有自我的概念，那就是我排除了一切從內部表現出來的個人特性，而在外部尋找自我。這樣，排除了形而上學的和主觀的特點，猶太人就只能像這樣存在於我的哲學裡。如今我看人和過去不同了。我一向非常好奇，想了解從內部看猶太人的實在到底可能是什麼。但是我必須面對這樣一個事實，就是爲了要從內部了解猶太人，我就得是他。

萊維：可是對福樓拜[17]您又是怎麼做到的呢？

沙特：因爲福樓拜給我的細節比一個猶太人給的多得多。關於猶太人的重大事件大都是用外文寫的，希伯來語，有時是意第緒語。

萊維：或許您能克服這個障礙。

沙特：對一個法國人來說，希伯來語不是最後的障礙：他只須學習就行。但是從他開始學習的時刻到閱讀對他有重要關係的書的時刻，這中間有一段相當長的時間。由於這個原因，我無法把我了解猶太人的實在進行到底，但是我能看到一些原則，一些開端，這些能引導我從中得出結論。

萊維：可是在您寫《反猶太主義者和猶太人》的時候，您肯定收集並應用了

---

17 指沙特晚年埋頭寫作福樓拜評傳。——譯者

一些文件資料。

沙特：沒有。

萊維：怎麼能那樣呢？

沙特：從來沒有。我寫《猶太人問題》沒有應用任何文件，沒有看過一本關於猶太人的書。

萊維：那您是怎麼寫的呢？

沙特：我寫我所想的。

萊維：可是您從什麼談起呢？

沙特：沒有什麼開場白，開門見山就談我要反對的反猶太主義。

萊維：您大可以翻閱任何一本書，比方說，那本我剛讀過的巴隆寫的《以色列史》。那本書就能使您不至於寫出猶太人沒有歷史那樣的話來啦。

沙特：讀了巴隆的那本書，我發現在那時它也改變不了我的觀點。

萊維：爲什麼？

沙特：因爲在我說沒有猶太人的歷史的時候，我是以一個嚴格界定的形式思考歷史的：法國的歷史，德國的歷史，美洲的歷史，美國的歷史。那就是，一個擁有家園和其他類似狀況的獨立自主的政治現實的歷史。如果人們說有猶太人的歷史，那就得把歷史看作是別的什麼東西。必須把猶太人的歷史設想爲不僅是猶太人在世界各地的散布，而且是這種散居於世界各地的猶太人的聯合，分散的猶太人的聯合。

萊維：那麼，在他的深厚的實在中猶太人就能從這種歷史哲學中解脫出來了。

沙特：正是這樣。如果有猶太人的歷史，或者沒有猶太人的歷史，歷史哲學就不相同。確實有一部猶太人的歷史，這是很顯然的。

萊維：換句話說，黑格爾加在我們美麗河山上面的歷史，是要擺脫掉猶太人，而容許我們有朝一日衝出黑格爾強加給我們的這種歷史的正是猶太人。

沙特：這是毫無疑問的，因爲這證明在歷史上確實有一個猶太人的聯合，而這個眞實的聯合並不是由於在一個歷史的故鄉集合著猶太人，而是由於行爲，由於文章，由於那些並非透過一個祖國的觀念而產生的聯繫，或者是不多幾年以來一向與一個故鄉有關的聯繫。

萊維：在您看來，猶太人的實在的這種聯合從何而來？

沙特：這正是我想弄清楚的問題。但是仔細考慮以後，我認爲猶太人的基本品質是，幾千年來，他一直與一個神交往，他是信奉一個神的教徒，而正是這一點使他區別於以前一切的民族：他們都有許多神，給予他以本質和自主的也正是這一點。而且，他與神的關係非常特別。神，當然總是與人有關係的；朱比特[18]就與人有關係，跟女人睡覺，在他想變成人的時候就變成了人，所以，這並無新奇之處。

新奇的是神與人聯繫的那種方式。猶太人那種獨特的關係，是他們與所謂道

---

[18] 朱比特，羅馬神話中的主神。——譯者

（Word）的關係，就是說與神的關係。神向猶太人講，猶太人聽他講的話，透過這一切，實在（reality）就是猶太人與上帝這種原始的超自然的聯繫。這，我認爲，就是古代猶太人的最初的定義，這種人，在某種程度上，他的一生決定於、控制於他與上帝的關係。而猶太人的全部歷史恰恰包含著這種原始的關係。

比方說，導致猶太人的生活發生很大變化的大事，使他們一般成爲受苦受難的人——逃亡者和殉道者——是基督教的出現，也就是信奉一個神的另一個宗教。所以，有了兩個一神教，而第二個——儘管它是從第一個那裡受到鼓舞，並且把《聖經》奉爲神聖的經文——卻沒有因此對猶太人少敵視一些。

萊維：請告訴我：在哪一方面這種對一個神的關係，這種以色列人的命運，使您感到關切？

沙特：但是對我來說，具有意義的，也不是道（Word）。本質的問題是猶太人活著並且他現在仍舊超自然地活著。

萊維：那麼，是猶太人的這種超自然的特性引起您的興趣的嗎？

沙特：是他來自宗教的超自然的特性。

萊維：當然。那麼，就是這一點引起您的興趣？

沙特：是的。但是也爲了他有一個命運。

萊維：那是一回事，是不是？

沙特：那不完全是一回事。很明確那是指別的意思。猶太人的宗教給今生暗示一個終極，同時也暗示一個來世的出現，但是這個從今生創造的來世，那裡萬事安排將與今生不同。還有另一個我喜愛的主題：死去的猶太人以及其他死者也一樣，會得到復活，會回到世間。與基督教的觀念相反，他們沒有——目前死去的猶太人——任何存在，除了墳墓以外，因此他們還會降生，就像在這個新的世界生活一樣。這個新的世界就是終極目的。

萊維：在哪方面使您感到興趣呢？

沙特：每個猶太人或多或少自覺地趨向的那個目標，但是這個目標最終應該重新把人類聯合起來，正是這種社會和宗教的目的，只有猶太人才……

萊維：人們能看出您對您從馬克思的著作中發現的關於人類史前史的終結觀念能多麼敏感；它使您對個人事業的思考具有了一致性。可是這種猶太人的救世主主義的目標，今天在哪方面引起您的興趣呢？

沙特：恰恰是因爲它缺乏一種馬克思主義的品質，也就是缺乏一個確定目標的品質，從一個現實存在的情勢開始並且設想未來的情況，加上那些透過發展今天的某些事實使這個目標可能達到的階段。

萊維：您能不能把這一點講得清楚一些？

沙特：猶太人的目標沒有那種東西。可以這樣說，它是人們爲了彼此而存在的開始。那就是說，道德的目標。或者更恰切地說，它就是道德。猶太人認爲今生的終極和來世的出現，意味著人的道德的存在就將來臨。

萊維：是的，可是猶太人決不會像您所描述的那樣，爲了接受一種道德標準而等待世界的結束。

沙特：我們，非猶太人，也在尋求道德標準。這是一個尋找最後目標的問題；那就是說，一旦道德成為人們相互關係的生活方式，目前道德所有的準則和命令可能就不會再有了，當然，以前常常有人說過這樣的話。它將成為形成思想、感情的方式……

萊維：是的，可是猶太人過去以為有一種超越——如果人們還能天眞地使用這個字眼——法律的可能性，超越於法律之上，而不是在法律之下。不是把法令撇在一邊，像您所說的那樣，而是按照法令來思考，才是為這個目標——廢除法令——作準備。現代人曾主張用那種從法令下面溜過去的辦法來規避法令。用犯法，或者用宣稱任何法律概念都已過時的辦法。

沙特：確是這樣。當然，正是因為這個原因，救世主主義是只有猶太人才能以這種態度設想出來的一種重要思想，但是它能被非猶太人利用來達到其他目的。

萊維：為什麼為了其他目的？

沙特：因為與我聯合共事的非猶太人的目的是革命。這說明什麼意思呢？當今社會的壓制，需要代之以一個較為公正的社會，使人們相互之間能產生良好的關係。這種革命觀念，現在已經很古老了。

萊維：兩件事總有一件要發生。要麼是您會重新發現……

沙特：革命派要創造一個更令人滿意和更合乎人性的社會；但是他們忘記了這一點：這樣一種社會不是一個事實的社會（a society of fact）。它是，人們可以說，一個公正的社會。換言之，一個其中人與人之間的關係是道德的社會。有現在，這種作爲革命的最終目的的道德觀念可以最好設想爲一種救世主主義。有很多經濟問題，當然，但是與馬克思和馬克思主義者們相反，這些問題並不是至關重要的。這些問題的解決，在一定情況下，是一條到達人們相互之間的眞正關係的道路。

萊維：別忘了猶太人有一段漫長的假救世主主義的歷史：猶太人和左派聯合在一起，甚至設想對後者重新加以界定，並不是出於自動的。

沙特：不管怎樣，猶太人的實在應該繼續存在於革命中。這個實在應該給革命帶來道德力量。

萊維：歸結起來——因爲我們必須結束談話了——您打算在七十五歲的高齡從頭開始吧。

沙特：坦率地說，有一件事在我一生中發生過兩次，那就是絕望的誘惑。第一次是在一九三九至一九四五年；那時我成長得超過了我的青年時期，我沒有參加政治活動，我忙於搞文學，我同我的朋友們在一起生活，我很快活，我的生命正在成形。戰爭來臨了，一點一點地，特別是在戰敗以後和德國占領期間，我徹底感覺到我曾經認爲展示在前面的世界被奪去了：我發現我面臨著一個悲慘、邪惡和絕望的世界。但是我拒絕這種絕望的可能性，儘管在我周圍絕望隨處可見，所以我同那些沒有絕望而且認爲我們能夠爲一個幸福的未來而戰的朋友結成同盟，即使當時並沒有這種未來的存在的可能性。當然，我們可以抵抗，但是戰爭的結果卻不操在我們的手中，而操在英國人、美國人的手中。那時候，我感到那種非存在（non-existance），日常生活中的陳詞濫調，威脅著每個法國人，威脅著我。如果說，儘管如此，我仍然相信納粹的勢力終究要退出，戰爭終究要結束，那是因爲我內心自有一種東西——希望——它從未長久離開過我。後來戰爭結束了。從那時起，我始終過著幸福的生活，但是不時被辯論，被必須保衛的事業，被有時像是絕望的思想打斷，如在朝鮮戰爭期間那樣，但是很快我又重新振作起來。接著，一點一點地，事情又一次出了問題。一九七五年[19]，當時我還是一個被一九六八年五月[20]所鼓舞的人，基本上想把自己的思想並無多大矛盾地同一九六八年的那些人的思想聯合起來。可是接著國際形勢就變成了今天這樣的狀態，這就是，至少在許多政府，幾乎是每個國家的政府中，右傾思想取得了一次勝利。

萊維：您把蘇聯列入右派之中嗎？

沙特：當然。還有美國人，瑞典人……

萊維：瑞典人？

---

19 指一九七五年蘇聯進軍阿富汗，支持親蘇的卡爾邁勒政府殲擊反抗政府的阿富汗人民游擊隊。——譯者

20 指一九六八年五月在法國風起雲湧的學生運動。——譯者

沙特：是的。他們的新政府是傾向右派的，而多年來瑞典是一直站在左派一邊的。此外，那是一個罕見的社會，一個我們這些馬克思主義者無法接受的社會，因爲它是一個不是馬克思主義者的社會主義者。在我們看來，那似乎令人懷疑。總之，今天世界各國都有一個勝利的右派。另一方面，冷戰似乎又回到了生活中。入侵阿富汗是一件特別令人憂慮的事實。一場第三次世界大戰不是不可能的，爲了一切邪惡的、一切誤解的理由。今天這個星球一方面是屬於窮人的，他們極端貧困，瀕於餓死；而另一方面是屬於少數富人的，他們開始變得不那麼富有了，但是很明顯他們或多或少是富裕集團的那部分。

由於這個第三次世界大戰總有一天行將爆發，由於我們這顆星球已成爲這樣一個悲慘的整體，絕望又一次回來誘惑我，令我浮現出這樣的念頭：我們永遠不會結束戰爭，我們沒有任何目標，只有人民爲之鬥爭的那些個別的目標。人民開始進行小型的革命，但是沒有一個爲人類而奮鬥的目標，沒有能引起人類關注的東西，有的只是分裂。使人思索類似這樣的問題是完全可能的。這種思想久久地誘惑著我們，特別是當你年紀已老但還能思索的時候：唔，不管怎樣，至多五年之內，我就將死去——事實上，我相信會有十年，但是實際只能是五年。不管怎樣，這世界似乎顯得醜惡、不道德而又沒有希望。這是一個老人的平靜的絕望，而他將在這種絕望之中死去。但是我抵制的恰恰就是絕望，而我知道我將在希望之中死去；但必須爲這種希望創造一個基礎。

我們現在必須設法解釋，這樣可怕的世界何以在漫長的歷史演變中只是短暫的一瞬，希望又何以始終是革命和起義的支配力量之一，而我又何以再一次把希望視爲我對未來的概念。

索引

二畫

四畫

五畫

六畫

七畫

尚－保羅．沙特年表

Jean-Paul Sartre, 1905-1980

年代	生平記事
一九〇五	六月二十一日出生於法國巴黎的中產階層家庭，他的父親尚－巴蒂斯特・沙特（Jean-Baptiste Sartre）是法國海軍軍官，母親安妮－瑪麗・沙特（Anne-Marie Sartre）是諾貝爾和平獎得主史懷哲（Albert Schweitzer）的姪女。
一九〇七	父親死於法屬印度尼西亞。
一九一五	考入亨利中學（Lycée Henri IV），學習成績優異。
一九一六	母親改嫁，舉家遷往拉羅契（La Rochelle）。
一九一七－一九二二	就讀拉羅契中學。
一九二四－一九二九	進入著名的巴黎高等師範學院（École Normale Supérieure）攻讀哲學。一九二九年在法國高等教師資格會考中以第一名錄取，並結識了名列第二的西蒙・波娃。
一九三〇	在氣象部隊服兵役。
一九三一－一九三六	在法國北部港口城市利哈佛（Le Havre）一所高中教授哲學。開始著手寫作小說《嘔吐》（*Nausea / La nausée*）。
一九三三－一九三四	赴德國柏林進修，研讀胡塞爾、海德格等人的哲學。
一九三六－一九三七	任教於拉昂中學（Lycée de Laon）。出版《自我的超越》（*The Transcendence of the Ego / La Transcendance de l'ego*）。

年代	生平記事
一九三七—一九三九	在巴黎巴斯德中學（Lycée Pasteur）任教。《嘔吐》一書出版。
一九三九	在紀德（André Gide）主編的《新法蘭西評論》（*La Nouvelle Revue Française*）發表小說《牆》（*The Wall / Le mur*）。
一九四〇—一九四一	一九四〇年六月二十一日被德軍俘虜，關進集中營。一九四一年三月獲釋後，與友人創辦了一個抵抗組織「社會主義與自由」（Socialisme et liberté）。出版《想像的現象心理學》（*The Imaginary: A Phenomenological Psychology of the Imagination / L'Imaginaire: Psychologie phénoménologique de l'imagination*）。
一九四一—一九四四	任教於康多賽中學（Lycée Condorcet）。
一九四三	哲學專著《存在與虛無》（*Being and Nothingness / L'être et le néant*），劇本《蒼蠅》（*The Flies / Les mouches*）出版。與卡繆（Albert Camus）結識。
一九四四	劇作《無處可逃》（*No Exit / Huis clos*）出版。
一九四五	不再擔任教職，專心從事寫作。與西蒙．波娃等人合作創辦了《現代時刻》（*Les Temps Modernes*）雜誌。出版長篇小說《自由之路》（*The Roads to Freedom / Les Chemins de la Liberté*）三部曲：《理性時代》（*The Age of Reason / L'âge de raison*），《緩刑》（*The Reprieve / Le sursis*），《心靈之死》（*Troubled Sleep / La mort dans l'âme*，一九四九）。

年代	生平記事
一九四六	劇作《可尊敬的妓女》（*The Respectful Prostitute / La putain respectueuse*）、《死無葬身之地》（*Men Without Shadows / Morts sans sépulture*）出版。
一九四七	出版文學評論《波特萊爾》（*Baudelaire*）。
一九四八	文學批評〈黑族奧菲斯〉（Black Orpheus / Orphée noir）、劇作《骯髒的手》（*Dirty Hands / Les mains sales*）出版。
一九五〇	抨擊蘇聯的勞工營。五〇年代初期，沙特在政治上逐漸傾向共產黨。
一九五一	劇作《魔鬼與上帝》（*The Devil and the Good Lord / Le diable et le bon dieu*）出版。
一九五四	偕同西蒙·波娃應邀到蘇聯訪問。公開反對法國對阿爾及利亞的戰爭。
一九五五	劇作《涅克拉索夫》（*Nekrassov*）出版。與波娃前往中國訪問。
一九五六	譴責蘇聯軍隊出兵鎮壓匈牙利。
一九六〇	一月四日卡繆去世。沙特和波娃應邀訪問古巴，與卡斯楚（Fidel Castro）、切·格瓦拉（Che Guevara）會面。
一九六四	拒絕接受諾貝爾文學獎。
一九六八	譴責蘇聯入侵捷克斯洛伐克。

年代	生平記事
一九六九	母親去世。
一九七三	擔任《解放報》（*Libération*）主編。眼睛幾乎完全失明，自此封筆停止寫作。
一九八〇	三月二十日因肺水腫被送進醫院。四月十五日病逝於巴黎，享年七十五歲。

經典名著文庫 170

存在主義即人文主義

L'existentialisme est un humanisme

作　　者 —— 〔法〕尚－保羅・沙特（Jean-Paul Sartre）
譯　　者 —— 周煦良、湯永寬
發 行 人 —— 楊榮川
總 經 理 —— 楊士清
總 編 輯 —— 楊秀麗
文庫策劃 —— 楊榮川
副總編輯 —— 蘇美嬌
特約編輯 —— 郭雲周
封面設計 —— 姚孝慈
著者繪像 —— 莊河源
出 版 者 —— 五南圖書出版股份有限公司
地　　址 —— 台北市大安區 106 和平東路二段 339 號 4 樓
電　　話 —— 02-27055066（代表號）
傳　　眞 —— 02-27066100
劃撥帳號 —— 01068953
戶　　名 —— 五南圖書出版股份有限公司
網　　址 —— https://www.wunan.com.tw
電子郵件 —— wunan@wunan.com.tw
法律顧問 —— 林勝安律師
出版日期 —— 2022 年 8 月初版一刷
2024 年 3 月初版二刷
定　　價 —— 260 元

國家圖書館出版品預行編目資料

存在主義即人文主義 / 尚 - 保羅 . 沙特 (Jean-Paul Sartre) 著 ; 周煦良 , 湯永寬譯 . -- 初版 -- 臺北市 : 五南圖書出版股份有限公司 , 2022.08
面 ; 公分 . -- (經典名著文庫 ; 170)
譯自 : L'existentialisme est un humanisme.
ISBN 978-626-317-858-8(平裝)

1.CST: 存在主義

143.46　　111007526